屈原传

中国历史上第一位伟大的爱国诗人

周爱农 ◎ 编著

成都地图出版社

图书在版编目（CIP）数据

屈原传 / 周爱农编著. -- 成都：成都地图出版社，2018.4（2023.3重印）
ISBN 978-7-5557-0877-3

Ⅰ.①屈… Ⅱ.①周… Ⅲ.①屈原（约前340-约前278）-传记-青少年读物 Ⅳ.①K825.6-49

中国版本图书馆CIP数据核字(2018)第051899号

屈原传

QU YUAN ZHUAN

责任编辑：魏小奎
封面设计：吕宜昌

出版发行：	成都地图出版社
地　　址：	成都市龙泉驿区建设路2号
邮政编码：	610100

印　　刷：三河市同力彩印有限公司
（如发现印装质量问题，影响阅读，请与印刷厂商联系调换）

开　本：	710mm×1000mm　1/16		
印　张：	8	字　数：	120千字
版　次：	2018年4月第1版		
印　次：	2023年3月第5次印刷		
书　号：	ISBN 978-7-5557-0877-3		
定　价：	35.00元		

版权所有，翻印必究

导读 >>>>>>>
Introduction

Qu Yuan
屈原

"路漫漫其修远兮，吾将上下而求索。"

千百年前，屈原在江边郁郁而行，随风飘零的头发与胡须下，形容枯槁。江水在阳光下闪烁着流离不定的光亮，江面无声，有船只来往，划碎的全是屈原心中的梦。

在中国的文化历史长河中，再也没有谁像屈原这样被赋予这么多的含义了。屈原是隐秘的，屈原的诗句也是隐秘的，而在这隐秘之后隐藏着的则是挥之不去的柔软和零碎。屈原大概活了六十二岁，一生数次沉浮宦海，曾享万人之上的豪华荣耀，也饱受了孤独流徙的悲苦和凄凉。

屈原是我国古代伟大的浪漫主义、爱国主义诗人。作为一位杰出的政治家和爱国志士，屈原爱祖国爱人民、坚持真理、宁死不屈的精神和他"可与日月争光"的高洁人格，千百年来感召和哺育着无数中华儿女，尤其是当国家、民族处于危难之际时，这种精神的感召作用就更加明显。作为一位伟大的诗人，屈原的出现，不仅标志着中国诗歌进入了一个由集体歌唱到个人独创的新时代,而且他所开创的新诗体——楚辞,突破了《诗经》的表现形式,极大地丰富了诗歌的表现力,为中国古代的诗歌创作开辟了一片新天地。后人将《诗经》与以屈原作品为主体的《楚辞》并称为"风骚"。"风骚"是中国诗歌史上现实主义和浪漫主义两大优良传统的源头。

屈原一生虽怀抱着崇高的理想,积极用世,主张联齐抗秦,提倡"美政",但是君王不悟,群小妒贤,他两次遭到流放。在漫长而痛苦的流放过程中,屈原徘徊于山泽之中,报国之志无处可申,悲愤之情无处可诉,最终化为惊天地、泣鬼神的精彩华章。他创立了"楚辞"这种文体,也开创了"香草美人"的传统。他的作品文字华丽,想象奇特,比喻新奇,内涵深刻,成为中国浪漫主义文学的起源之一。

1953年,世界和平理事会通过决议,确定屈原为当年备受纪念的世界四位文化名人之一。

屈原热爱祖国的崇高思想、毫不妥协的斗争精神、为理想献身的忘我豪情,以及在文学上的巨大成就,是中华民族宝贵的精神遗产。我们相信,屈原的诗歌连同他高尚的人格,早已化为人类历史夜空中的一颗明星,永远温暖着我们的心灵。

两千多年的岁月,在历史的长河中不过只算短短的一瞬罢了。可是尽管大江东去,暮往朝来,诗人屈原的形象却依然留在人们心间。如今,每到端午节那天,人们仍要在江河里赛龙舟,把粽子系上五彩丝线来纪念伟大的诗人屈原,可见诗人的作品和精神是永存的!

重提屈原，我们其实是在追忆一种文化的内核。时间把我们推向了一个又一个时代新高地，让我们的物质生活在现世以无法阻挡的步伐直线上升，同时也让我们离最开始的地方越来越远，使得我们和历史只能隔岸相望，有了此岸和彼岸的区分。而屈原则以守信、清高、坚韧的姿态永远站在我们一直仰望的彼岸，怀抱我们文化的内核，瞭望着他的子子孙孙。

　　这本关于屈原的传记将以平实、客观的视角展示一个温情又孤独的屈原，希望读者在读过之后能够离屈原更近一点，那也就是离我们中国的文化更近一点，离自己更近一点。

目录 Contents

第一章
无忧的青春

美丽的秭归 ············ 2
结缘白玉兰 ············ 5
商鞅变法 ············ 8
石头缝里流大米 ··· 12
聪颖好学 ············ 13
咏橘明志 ············ 17
大胜秦兵 ············ 21

第二章
艰难的仕途

怀王赏识 ············ 26
修明法度 ············ 28
忠而被谤 ············ 34
齐楚瓦解 ············ 37
出使齐国 ············ 41
郑袖进谗 ············ 44
蛇蝎美人 ············ 51

第三章 漂泊的灵魂

- 第一次被流放 …………… 57
- 仰天长叹作《离骚》……… 62
- 再访齐国 ………………… 65
- 梦断郢都 ………………… 68
- 第二次被流放 …………… 75
- 横则秦帝,纵则楚王 …… 81
- 楚之玉 …………………… 85
- 路漫漫 …………………… 90
- 郢都陷落 ………………… 98
- 饮恨沉江 ………………… 102
- 岁岁朝朝粽子俸 ………… 110

名人年谱 …………………… 117

第一章

Qu Yuan

无忧的青春

闭心自慎，终不失过兮。秉德无私，参天地兮。

——〔战国〕屈 原

名人传记　　屈原传

▶ 美丽的秭归

秭归，是一座位于长江边的美丽小城。从高山峡谷奔腾而来的江水从城边经过，两岸是一片片绿油油的田野，田野上散落着座座村落。秭归这个名字，来源于一个美丽的传说。

当年屈原在汨罗投江后，给他在老家的妹妹托梦，说要从长江回来。他的妹妹和乡亲们就在长江边等候，一直等到农历五月初五这天，才看见一条大鲟鱼驮着屈原的遗体向着他们等候的地方游来。

一起等候了很多天的乡亲们看见江里有很多的鱼，担心鱼会侵损了屈原的遗体，就赶紧向江里投掷准备好的粽子、肉包子和熟鸡蛋。

屈原的妹妹对着鲟鱼呼唤："我哥回，我哥回。"那鲟鱼游到她站立的江边，将屈原的遗体轻轻地放在她的脚边，然后一步三回头地向江水深处游去了。

乡亲们马上把事先准备好的艾蒿和蒲叶放在屈原的身上，用雄黄酒驱蚊防腐，清洁屈原的遗体。爱戴屈大夫的乡亲们将他安葬在家乡的山冈上，并修建了一座巍峨的祠庙供奉他。从此，屈原回归的地方就叫作了"秭归"（"秭"通"姊"，这里指兄弟）。

秭归县西陵峡村的新滩河边，有一块半间屋大的石头。它的上面有一个铜钱大的小洞，下面却有一个脚盆大的喇叭口，只要你用嘴巴对准上面的小洞一吹，便会发出呜呜的声音，和海边渔民吹的海螺声音一模一样。当地人叫它海螺石。

据传那条从汨罗江驮屈原遗体回乡的大鱼,爱上了秭归的地盘,怎么也舍不得回洞庭湖去了。因此,有人经常在新滩和泄滩之间发现这条大鱼露出水面。人们都说这条鱼"上不过泄滩,下不过新滩"。

传说这条大鱼是洞庭仙子变的,她早年曾在洞庭湖救过一只海螺精。为了感恩,这只海螺精一直跟随在仙子左右,听候她的使唤。当洞庭仙子被屈原的爱国精神感动,决定把投江后的屈原送回故乡时,海螺精想到长江里滩大浪急,沿途水怪众多,怕仙子身单力薄,难以抵达秭归,便跟随仙子从洞庭湖来到长江,再来到秭归。一路上,它为仙子鸣号开道,除凶斩怪,历尽千辛万苦,终于护送洞庭仙子到了秭归。

仙子决定留在屈原的家乡以后,便要海螺精返回洞庭湖,她不愿海螺精在窄小的三峡受憋和吃苦。但海螺精早已被仙子感动,它向仙子表明,愿和仙子同在三峡。仙子要它找一个安身之处,海螺精便选中了新滩。川江里的船,多半用桡(ráo)子,安在船头上,左一支右一支地间隔着,人推着桡子依靠水的阻力使船前进。大家管这些推桡子的叫作"桡夫子"(桡,船桨)。海螺精看到新滩浪大,经常翻船,上水船的桡夫子拼着命也难得把船拉上滩,于是便在新滩水最急的上滩边安下身来,变成了这块海螺石,供上水船和打张的船围纤藤、拴缆绳。万一江上无风,桡夫子便爬上海螺石,对准洞口一吹,江上顿时会起风吹帆,船也容易过滩了。据说要是力气很大的人把呜呜声吹得又高又尖,还可以看到那条大鱼的头冒出水面来呢!

楚宣王三十年(公元前340年)夏历正月二十三日,按照我国古代的干支纪年法(干支纪年法:即以甲、乙、丙、丁、戊、己、庚、辛、壬、癸为十干,子、丑、寅、卯、辰、巳、午、未、申、酉、戌、亥为十二支,把干、支顺序配合,如甲子、乙丑等,经过六十年又回到甲子,周而复始,循环不已),那天正好是寅年的寅月庚寅日，秭归（今湖北省秭归县）乐平里的一个下级官吏家里诞生了一个男婴。这家的男主人伯庸因为儿子这个不平常的生日——寅年寅月庚寅日而兴奋不已，这个得天地之正中的良辰吉日也许是个好兆头，说不定他将来能成大器呢！伯庸久久凝视着襁褓中的婴儿，按照出生时的天文星相，给他起名叫平，字原。这孩子便是屈原。

屈原的祖先曾与当时楚王室同宗。屈姓家族在楚国属于三大家族之一，声名显赫。祖辈中出现过一批楚国的重要人物，如楚武王时期率兵打败鄖（yún）国、讨伐罗国的屈瑕；楚成王时期接受国君的使命，与前来进攻的齐国军队谈判，以理服人、不畏威势的屈完；楚庄王时期跟随楚王攻打晋国，生擒晋国大将赵旃（zhān），取得重大胜利的屈荡，等等。屈原的好几位祖辈还在楚国朝廷里担任过"莫敖"一职。这一职务权力很大，不但可以参与很多朝廷内的政治活动，掌管宗教，还可以率领军队，甚至能够代替楚王率领全国的军队作战。然而，到屈原父亲这一代时，屈氏家族在楚国朝廷中的地位大大下降。屈原的父亲伯庸，虽然仍是官吏，但已非重要人物，也无多大的实权。加上屈原一系在其家族中并非嫡长子，按照古代嫡长子继承先祖领地和封号的"采邑制"，屈原先辈这一支没有资格继承没落贵族家族仅有的财富，而只能成为大家族边缘的旁支，实际身份与庶民并无两样。所以屈原日后成名，依靠的不是祖辈的荣耀和家族的荫庇，而是他自己的才华、正直和勇气。

▶ 结缘白玉兰

小屈原的家境也算富足,吃得饱,穿得暖,无冻馁之苦。他如同长在蜜糖罐中,香喷喷地睡,甜蜜蜜地笑。他在亲吻中发育,在赞誉中成长,转眼已满周岁。屈原的生日是正月初七,大吉大利,且正值新年,此时普天同庆,阖(hé)家团聚。这一天,屈府上下十多口人,无一缺漏,都来为小屈原庆祝生日,连在郢都为官的伯庸也回来了,加上前来庆贺的亲朋好友,有数十口之多。屈府大门口张灯结彩,府内鼓乐齐鸣,笑语喧哗。人们进进出出,接踵摩肩,都身着节日盛装,俏男俊女、髯翁白婆,无不喜气盈盈,笑逐颜开。今天是屈原的第一个生日,活泼可爱的小家伙要在今天抓周。

屋内屋外挤满了人,连窗外也层层叠叠,被围得水泄不通,致使室内的光线暗淡了许多。祖母柳氏盘膝坐于床头,双手扶着小孙子屈原的腋下将其置于膝上,伯庸夫妇立于床侧,丫鬟秋莲在旁服侍。今天,小屈原的情绪特别高涨,圆瞪着一双机灵的大眼睛,艰难地转动着那支撑着大头颅和胖脸蛋的脖颈,眯眯微笑之外,颇带几分惊奇,仿佛在说:"哎呀,来这么多人干什么呢?"大约因为过于兴奋、激动之故,他不时地手舞足蹈,弄得祖母颇有些招架不住。宽大的象牙床上,陈列着供孩子抓周的许多物件,诸如精制的笏板、玉带、简牍、金银珠宝、文房四宝、弓箭刀枪之类。抓周,这是中华民族古老的习俗。孩子一周岁这天,摆放形形色色具有象征意义的物件,让其随意抓取,以试其爱好、追求，以预测其将来的造诣和成就。譬如，抓金银珠宝，预示着孩子将来必发财；抓笏板玉带，将来必是官宦；抓弓箭刀枪，将来必为将帅，等等。其实这是毫无道理的，不过是人们望子成龙心理的体现。

庄严的时刻到了，大家的目光如聚光灯似的集中到了小屈原身上。小屈原趴伏于床，祖母依然双手拢在他的腋下。他瞅着这光怪陆离的世界，似乎件件新奇，样样可爱。他看花了眼，弄晕了头，不知究竟喜欢什么，该抓何物。他的目光在这些闪耀着奇异光环的物件上转悠，分析着、判断着，一时拿不定主意。在场所有人的目光，都在跟随着小屈原的注意力扫来荡去，他们屏息凝气地等待着、企盼着。突然，小屈原探身伸手，向着较远的地方比比画画，嘴里还呀呀地说些什么。祖母柳氏似乎心领神会，急忙将他抱了过去。小屈原伏下身去，于五光十色、琳琅满目的什物中毫不犹豫地抓取了一枝玉雕白兰花。众人见了，有的鼓掌，有的欢笑，有的赞美，有的摇头，有的惊异，有的在交头接耳。他的母亲双眉紧锁，满脸阴云，正欲转身离开房间，伯庸将她唤住。见儿子小屈原抓了一枝白玉兰，伯庸的心态与表情跟妻子截然相反，他心花怒放，喜上眉梢。夫妻心心相印，息息相通，妻子的表情早在伯庸的关注之中，他清楚地知道此刻妻子在想些什么，为何怏怏不快。他认为有必要当众阐述自己的见解，既为了妻子，更为了儿子。他很自负，坚信自己的理解与见地是正确的。他明知故问道："值此平儿首岁生日之际，亲朋齐贺，济济一堂，你应该满心喜悦才是，为何竟这般沮丧？"

经丈夫一问，小屈原的母亲竟呜呜地哭泣起来，且哭且诉道："平儿生于正月初七，你说这是寅月寅日，完全符合'天开于子，地辟于丑，人生于寅'之天、地、人三统一，因而大吉大利。如今抓周，平儿竟抓一枝玉兰花，此系女人之所为，将来或许会长成一个寻花问柳的花花公子，怎能指望他成才呢……"

妻子泣不成声了，伯庸却仰天哈哈大笑，笑得前仰后合，泪水四溢。他的母亲柳氏嗔怪道："她哭成这样，你却还在笑……"

伯庸止住了笑，将那枝白玉兰拿在手中，亲切地对母亲说："您看这玉兰花，亭亭玉立，皎洁潇洒，清香四溢，此乃美之天使、圣洁之化身。平儿今天抓一枝白玉兰，日后必有玉洁冰清之品格、超尘脱俗之节操。母亲，您说孩儿不该高兴、不该笑吗？"

伯庸的话似一阵清风，吹散了母亲脸上的阴云。老太太转忧为喜，她啧啧赞道："吾儿言之有理，平儿定非凡夫俗子，大家都应该为此而高兴才是！"

屈原父亲伯庸

经老太太这么一说，气氛顿时活跃起来，大家都附和着赞誉一番，室内室外洋溢着欢乐和喜悦，小屈原沉浸其中，咧着嘴憨笑。

商鞅变法

屈原出生的这一年，也就是秦孝公二十二年，卫鞅（yāng）率军攻魏，大破魏军，俘获了魏公子卬（áng）。秦孝公以商、於（今陕西省商县东南商洛镇）十五邑（yì）封卫鞅为商君，世称其商鞅。关于商鞅，历史上有个著名的小故事。

齐威王当了霸主以后，燕、赵、韩、魏等国怕他三分，纷纷前来朝贡。只有西方的秦国没有来。原来，当时秦国在政治、经济、文化各方面都比较落后，中原各国都叫它"西戎"，把它看作野蛮国度，瞧不起它，很少跟它来往，还不时派兵侵夺它的土地。

周显王八年（公元前361年），秦孝公即位。他感到秦国外受强邻的欺压，内有贵族的专横，日子很不好过，决心奋发图强，改变国家落后的面貌。为了寻求改革的贤才，他就下了一道命令："不管是本国人，还是别国人，谁有好办法使秦国富强起来，就封他做大官，赏给他土地。"不久，一个叫卫鞅的年轻人应征从魏国来到秦国。

卫鞅姓公孙，名鞅，原是卫国的一个没落贵族，所以大家管他叫卫鞅。他看卫国弱小，不足以施展自己的才华，就跑到魏国，在魏国当了好长时间的门客，也没受到重用。卫鞅正在郁郁不得志的时候，忽然听到秦孝公招纳人才，他决心离开魏国到秦国去。

卫鞅到了秦国，托人介绍，见到了秦孝公，把他的一套富国强兵的道理和办法给秦孝公讲了一遍。他说："一个国家要富强起来，就必须重视农业生产，这样，老百姓有吃有穿，军队才有充足的粮草；要训练好军队，做到兵强马壮；还要赏罚分明，种地收成多的农民、英勇善战的将士，都要鼓励和奖赏，对那些不好好生产、打仗怕死的人，要加以惩罚。真能做到这些，国家没有不富强的。"

秦孝公听得津津有味，连饭都忘了吃。两个人一连几天在一起议论国家大事，十分投机。最后，秦孝公决定施行变法，改革旧的制度，推行卫鞅提出的新法令。

这个消息一传开，贵族大臣们都一起反对。不少大臣劝秦孝公要慎重，不要听信卫鞅那一套。秦孝公心里非常赞成卫鞅的主张，觉得不变法就不能使秦国富强起来，但是看到反对的人那么多，又感到十分为难。他就把许多大臣召集到一起，让他们辩论。一个叫甘龙的大臣首先发言："现在的制度是祖宗传下来的，官吏执行起来得心应手，老百姓也都习惯了。不能改！改了准会乱！"另外一些大臣也跟着说起来："新法是胡来，是谬论。""古法、旧礼改不得！"

卫鞅从古到今举出大量事实，说明变法的必要，把那些大臣驳得哑口无言。秦孝公听他说得头头是道，把反对变法的大臣一个个都驳倒了，非常高兴，就对卫鞅说："先生说得对，新法非实行不可！"说罢就拜卫鞅为左庶长（左庶长：古时候的一种官名。商鞅变法之前，秦国有四种庶长，即大庶长、右庶长、左庶长、驷车庶长。四种庶长都是职爵一体，既是爵位，又是官职。商鞅变法之后，秦国官制仿效中原变革，开府丞相总摄政务，各庶长便虚化为军功爵位，不再有实职权力），授予他推行新法令的大权，叫他抓紧把变法方案制订出来，并且宣布，谁再反对变法，就治谁的罪。这样，那些大臣都不敢吭声了。

卫鞅很快就把变法方案制订出来了。秦孝公完全同意。卫鞅怕新法令没有威信，老百姓不相信，推行不开，就想了个办法。他叫人在都城的南门竖了一根三丈来长的木头，旁边贴了张告示说:"谁能把这根木头扛到北门去,赏他十金。"不多会儿,木头周围就围满了人。大伙儿心里直犯嘀咕:这根木头顶多百把斤,扛几里地不是什么难事,怎么给这么多的金子呢?或许设了什么圈套吧?结果谁

商鞅徙木立信

也不敢去扛。卫鞅看没人扛,又把奖赏提高到五十金。这样一来,人们更疑惑了,都猜不透这位新上任的左庶长葫芦里到底卖的什么药。这时候只见一个粗壮汉子分开人群,跨上前去,说:"我来试试。"说罢,扛起木头就走。许多看热闹的人好奇地跟着,一直跟到了北门。只见新上任的左庶长正在那里等着呢。他夸奖那个大汉说:"好,你能够相信和执行我的命令,真是一个良民。"随后就把准备好的五十金奖赏给了他。

这事儿很快就传开了,大家都说:"左庶长说话算数,说到做到,他的命令可不是随便说说的啊!"

周显王十三年(公元前356年),卫鞅的新法令公布了。其主要内容有:

第一,加强社会治安。实行连坐法,把老百姓组织起来,五家编为"一伍",十家编为"一什",互相担保,互相监视。一家犯了罪,九家都要检举,否则十家一起判罪。检举坏人和杀敌人一样有赏,窝藏坏人和投降敌人一样处罚。外出必须携带凭证,没有证件各地不准留宿。

第二,奖励发展生产。老百姓努力生产,粮食、布帛贡献多的,可以免除一家劳役;懒惰和弃农经商的,连同妻子、儿女一起充为官奴。一家有两个以上儿子的,儿子成人以后就要分家,各自交税,否则一人要交两份税。

第三,奖励杀敌立功。官爵大小以在军事上立功多少为标准。

功劳大的封官爵就高，车马、衣服、田地、住宅、奴婢之类的赏赐，也都以功劳大小而定；军事上没有功劳的，即便有钱也不能过豪华的生活，就是贵族也只能享有平民的待遇。

新的法令刚刚开始推行时，遇到了很大阻力。那些贵族宗室不去打仗立功，就不能做官受爵，失去了过去的许多特权；实行连坐法以后，他们也不能为所欲为了。因此，他们都疯狂地攻击新法令，尤其是保守势力的代表甘龙。在他们的唆使下，就连太子也站出来反对了。卫鞅把甘龙罢了官，可是，太子是国君的继承人，不便处分。卫鞅去找秦孝公，对他说："新法令之所以推行不开，主要是上头有人反对。"秦孝公说："谁反对，就惩办谁。"卫鞅把太子反对新法、故意犯法的事一说，秦孝公既生气又为难，没有言语。卫鞅说："太子当然不能治罪，但是新法令如果可以随便违犯，今后就更不能推行了。"秦孝公问："那怎么办呢？"卫鞅说："太子犯法，都是他的老师唆使的，应该惩治他们。"秦孝公表示同意。这样，太子的老师公子虔就被割了鼻子，公孙贾就被刺了面。大伙看到秦孝公和卫鞅这样坚决，都不敢反对新法令了。

几年以后，秦国变得强盛起来。由于新法令规定了增产多的可以免除一家的劳役，老百姓都一心务农，积极种田、织布，生产得到很大发展，人民的生活也有所改善；由于新法令规定了将士杀敌立功可以升官晋级，所以他们都英勇作战。秦孝公看卫鞅制定的新法令成效显著，就提升他为大良造，并且派他带兵去攻打魏国。原来十分强盛的魏国，这时候已经衰弱下来，根本不是秦国的对手，连都城安邑也被秦军攻占了，魏国只得向秦国求和。卫鞅凯旋，接着，在国内又进一步推行新法令，主要内容有：把国都从雍城（今陕西省凤翔县）迁到东边的咸阳，以便于向中原发展；把全国分成三十一个县，由中央直接委派县令县丞去进行治理，不称职的县官治罪；废除"井田"制度，鼓励开荒，谁开归谁，允许自由买卖土地；统一度量衡等。这些都是发展生产的有力措施，对于巩固和发展新兴地主阶级的势力起了很大的作用。新法令实行十年以后，秦国变成当时最富强的国家。

秦孝公十分欢喜。后来把商、於一带十五座城池封给了卫鞅，表示酬谢。从此以后，人们就把卫鞅称作商鞅了。

过了几年，秦孝公病死了，太子即位，是秦惠文王。秦惠文王以前反对商鞅的新法令，商鞅给他定了罪，给他老师判了刑，所以他一直怀恨在心。他一当国君，那些过去反对商鞅的人就又得势了。他们串通一气，捏造罪名，硬说商鞅阴谋造反，秦惠文王就下令抓了他，并将他处死了。商鞅虽然死了，但他推行的新法令已经在秦国扎下了根，为后来秦国统一六国打下了坚实的基础。

▶ 石头缝里流大米

屈原从小喜爱洁净，每天早晨都要到井边打一桶水，用这清澈的井水洗去脸上的尘垢，洗净自己的帽缨，然后对着明亮的井水照照衣帽是否整齐、洁净。

屈原长大了，他渐渐懂得，人不仅要讲究外表整洁，更重要的是要保持心地纯洁、正直。因此屈原每天对着井梳洗完毕后，还会对着明亮的井水自省。

幼年的屈原，经常趴在窗台上，看着窗外不远处浩荡东去的江水，让思绪随着江水荡漾开去，以今后远大的目标来激励自己面对严酷的社会现实。屈原的早慧和孝敬，邻里亲友人人皆知。

有一年天降大灾，田里的庄稼颗粒无收，百姓四处流亡。屈原看见家乡的老百姓吃不饱，穿不暖，沿街乞讨，伤心地落下了眼泪。

有一天，屈原家门前的大石头缝里突然流出了雪白的大米。一人发现了，便奔走相告。"伯庸家门前的石头产米了！"这消息一传十，十传百，顿时全村的百姓都聚集来了，他们欢欢喜喜地把米装起来背回家，个个脸上乐开了花。至于米是从哪来的，当时没有人顾得上细想，只是急着把米背回家，喂食早就饿得嗷嗷哭的孩子和快昏迷的老人。

这时，伯庸却发现自家粮仓中的大米越来越少。他很奇怪，也想试着把这件事跟白天发生的石头缝里流大米的事联系起来。但他不敢确定，大米在自家的粮仓里，自己没有拿出去，问了家里其他大人，也都没有拿出去。

有一天夜里，伯庸上厕所时发现粮仓里有一丝灯光，他凑近门缝一看，儿子瘦小的身影映入眼帘。只见屈原正吃力地站在凳子上，把高高的粮仓里的米灌进小口袋。他顿时明白了，原来是屈原把自己家的米灌进了石头缝里。

乡亲们知道了真相后都很感动，纷纷竖起大拇指。

父亲没有责备屈原，只是说："咱家的米救不了多少穷人，如果你长大后做了官，把我们管理好，天下的穷人不就有饭吃了吗？"

从此，屈原读书更用功了。

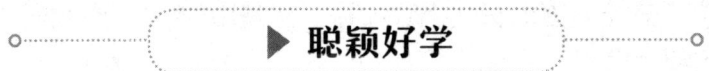

聪颖好学

屈原聪颖睿智，从小就被人称作过目不忘的神童。公元前332年岁末的一日，屈府的账房先生们正在忙着结账，屈原走来，信手拿过一本账簿，从头到尾浏览了一遍，然后伸手准备放回原处。可是意外发生了，账簿未能放稳，落到了几案下的火盆中，登时燃烧起来。屈原年少机灵，急忙探手盆中，去取那燃烧着的账簿，但是已经晚了，账簿被烧掉了一半。屈原见状，很是气愤，索性将残存的账簿撕得粉碎，投于火盆之中，让其燃成灰烬。在场的先生们全都惊呆了，特别是负责这本账簿的那位先生，简直是三魂离舍，七魄出窍。屈原却从容镇静、若无其事地说："簿子上的账目，我已铭记在心，可重写一份，有什么好怕的！"于是便逐一口述，由一位先生笔录，很快一本新账簿写成了。后来新账簿经核对，果然同原来的一模一样。

每天清晨，太阳还没有升起，屈原已经起床，坐在窗前，对着江水，高声诵读《诗经》《尚书》等诗文，从中汲取传统文化的营养。每天，他的诵读声几乎同时伴随着公鸡的报晓声在朦胧的天空下响起，一听见他的诵读声，邻居们便纷纷起床干活了。渐渐地，这竟然逐渐成为很多邻居的习惯。嘹亮的声音随风飘得很远很远，连长江上的船夫都能听见他那抑扬顿挫、充满激情的诵读。屈原的诵读声便又与船夫们的劳动号子混合、交融在一起。

黄昏来临，屈原坐在秭归城外的高地上，对着渐渐暗下来的夜色，开始练习雄辩术来，这是作为一个政治家所必备的能力。在春秋战国时期，不要说政治家，哪怕是一个普通的谋士，也必须拥有高超的雄辩术，这是一项基本功。练习雄辩术不仅需要练好口才，还需要掌握大量的历史、地理、文化知识。于是，屈原又下苦功，把楚国的历史倒背如流，把楚国的江山细细描述，让楚国悠久灿烂的文化烂熟于心。

屈原的父亲和其他亲友们发现了屈原的不凡之处，不惜花费巨大的精力、财力，全力培养屈原各方面的才能，指望他成才，日后能为楚国的稳定和发展出大力。就这样，屈原从小就接受了系统而全面的教育，他不负众望，过人的天赋和扎实的知识功底很快显现了出来。

那时候,屈原家住山上,每天必须跨过湍急的溪水,穿过苍苍林莽到山下的乐平里读书。他早出晚归,家里人很不放心,母亲便常常让姐姐屈须到学堂去接他。

一天,浓重的夜色笼罩着山头,屈原还没有回来。屈须到山下学堂问塾师,知道弟弟背完晚书,第一个离开学堂回家了。屈须返回家里,见屈原还没回来。母亲着急了,连忙求邻居帮忙到溪涧和后山上去找。结果,到处不见屈原的影儿。母亲失望地回到家,一进门,却看见屈原正吃饭呢。母亲生气地问他刚才到哪儿去了,他只是笑笑,就是不说话。

屈原读书

这件事引起了姐姐的好奇。第二天下午,屈须早早赶到学堂,等弟弟背完晚书离开,便悄悄地跟在他的后边。穿过树林,越过溪流,她跟着跟着,只见屈原在溪旁一闪,不见了。屈须以为弟弟回家了,可是到了家里,才知道弟弟并没有回来。屈须更加感到奇怪了,就又返回去寻找弟弟。

原来,小溪旁边有一个天然岩洞,每天放学以后,屈原总要钻进这个岩洞里刻苦读书。这个岩洞虽然不大,但景色别致:洞壁上有浮雕图案,花鸟虫草,情态各异;洞顶悬挂着钟乳石,千姿百态,水顺着钟乳石尖一滴一滴地滴下来,叮咚叮咚,犹如玉落银盘,更显得洞里幽静深邃。这天,屈原照例走进洞里,来到他早已支好的石桌、石凳旁边,把小藤包放在桌上,掏出书本,端坐在凳子上,低声背诵起来。他哼着哼着,不禁声音渐渐激昂起来,音韵深沉,宛如惊涛拍岸……过了一会儿,他又坐下来,双手托腮,疲惫地闭上双目。

恍惚间，屈原看见一个人影从石缝中走出来，提着衣裙，飘飘悠悠地来到自己身旁，舞着长袖，向他施礼，然后捧着一摞厚厚的书简献给他。屈原心中一怔：难道真是

屈原故里的照面井

仙女面传天书吗？他急忙参拜仙女，接过书一看，原来是一部《楚声》。"渔夫歌""五谷调""砍柴曲""蚕花谣""越人歌"……尽是楚国各地民歌民谣。屈原惊疑道："人间烟火之事，上天如何知道？"他分外激动，再拜仙女，低声问道："好诗向谁求？请仙姑赐教。"说完，抬头一看，眼前仙姑已不知去向，手中天书也无影无踪。

半晌，听见一女子的声音："真诗乃在民间！"这声音把屈原弄蒙了。"仙姑在哪里？"屈原惊叫着，回头一看，原来是姐姐屈须。屈须寻到洞里，见弟弟打盹，说着梦话，便答了一句，这才使屈原从迷梦中清醒过来。

屈须一边责备弟弟，一边拉着他向洞外走。一出洞，姐弟俩便听见山上传来丁（zhēng）丁的伐木声和悠扬的山歌声。屈原央求着："好姐姐，咱们听一会儿好吗？"于是姐弟俩坐在溪边，只听见阵阵歌声：

"河水清清哟，波纹像连环，栽秧割稻你不管哟，凭什么千捆万捆往家搬？……"

屈原听到这歌声带着无比的愤怒和怨恨，深深地感叹道："果真'好诗在民间'。"他边听边记，记好了就读给姐姐听，直到很晚了才回到家中。

从此，屈原常找樵夫、猎人、渔翁、蚕女、巫师等采集民间歌谣，并在小溪旁的这个岩洞里加以整理、吟咏。这为他后来创造出骚体新诗，打下了坚实的基础。

▶ 咏橘明志

一年年过去了，屈原在发愤攻读中已度过了近十个春秋。很快到了公元前333年，楚国最强盛的时期。这一年，楚军讨伐齐国，在徐州大败齐军，楚国声威大振。隆隆的时代春雷震撼着伏虎山，也在召唤着屈原。

屈原有许多志同道合的密友，大家常聚一处，作文吟诗，言志抒怀，纵论天下时势。一天，江北望霞峰麓（lù）的景柏与汇南巴村的昭春结伴来访，屈原不在。屈须带客人找了读书洞、照面井、玉米田，均没见到屈原，最后在香炉坪背后的山坡上找到了屈原，他正在橘林中培育橘树苗。这是一片规模壮观的橘林，橘树依山而植，层层叠叠、葱葱郁郁；这是一片年轻的橘林，树龄多在十岁以下，枝叶繁茂，泛着油绿的光，显示着勃勃生机，令人想到棒实实的小伙、水灵灵的姑娘、赛虎的牛犊、翱翔的雄鹰、穿云的燕子、撒欢的羊羔、嫩绿的草地、欢唱的溪流……

三人亲如兄弟，情同手足，一旦相聚，分外欣喜。他们相约来至一块林间草坪，或坐、或立、或卧，赏橘苗、观橘林、品柑橘，任思绪骏骥似的狂奔，凭激情瀑布般倾泻。屈原出了个"试论七雄天下"的题目，三人一起口头作起文章来。酝酿片刻之后，屈原与昭春齐推造诣最深的景柏先说。景柏今日心绪不佳，本不打算吟诗作赋，但不作有失礼节，只好借题发挥，议论起来："当今天下，七雄并存，各显神威。为了捷足先登，列国君王争夺能臣谋士，颇费心机。而七雄之中，各具其长，尤以魏国君贤，齐国民富，秦国兵强，而我们楚国，只不过国土辽阔而已……"

听了景柏的这番议论，屈原心中很不是滋味，他那极强的自尊心被景柏戳了一枪，淋漓着滴滴殷红的鲜血。

昭春正欲插言，景柏又侃侃而谈："自先灵楚庄王后，我楚国日渐衰弱，现已疮痍满目，危在旦夕……"

屈原觉得，景柏是在长他人的志气，灭自己的威风，不禁反问道："纵然如此，又当如何？我辈岂能袖手旁观！富强的祖国可爱，而危难中的祖国呢？"

一句话勾起了景柏心中的隐秘，他再也不愿将苦闷压在心底折磨自己了，便坦诚地对屈原说："楚材晋用，此乃常事。我已与昭春弟谈过，以春秋仲尼先师为榜样，游说六国，择贤君而事之，完成统一九州大业，以遂今生宏志！"

屈原万没料到，两位挚友竟和自己的志趣出现了偌大的分歧，真是水清能见底，镜明难照心。屈原纵然心胸坦荡，也难以容忍这种见异思迁、抛弃祖国的人。他后悔自己过去只是在诗文上结交才华出众的朋友，却忽略了一个人心灵的美丑。

屈须送来了酒菜，要弟弟陪客人饮酒咏诗。她走进橘林摘橘子给客人尝鲜。酒真是个好东西，它能使人兴奋激动，让人忘掉痛苦和悲哀，消除人与人之间的隔膜与嫌怨。三杯酒下肚，沉寂消解，气氛顿时活跃起来，酒也就喝得心酣意畅。三个人喝得兴致正浓，忽有一条双头蛇从草丛中蹿出，直袭屈原。景柏眼疾手快，抓起屈原身边育橘苗的锄头，狠命打去，不偏不倚，锄头正好打在那两个蛇头上，一个既断且续，另一个则崩离数尺。蛇身先是蜿蜒，继而痉挛，很快便僵直不动了。三人碰杯相庆，欣喜若狂。为感谢景柏舍身相救，赞扬景柏见义勇为，屈原连敬他三杯，景柏俱一饮而尽。然而乐极生悲，酒落愁肠之后，景柏竟伤心落泪起来。原来，当地有句谚语："打死双头蛇，活不到天黑。"景柏正为此而忧伤。屈原不信这些，他借题发挥说："斯蛇双头，此时爬这,彼时爬那,到处害人,实在可恶!景柏兄为民除害,何以会有灾难降临呢?"景柏只顾伤心,没听出屈原这话的弦外之音。昭春像中药里的甘草,是个和事老,有他在,保证矛盾不会激化。他见情势不妙,劝住了两位好友,不再继续喝酒。他以幽默滑稽的语言安慰景柏,三言两语便令其破涕为笑了。恰在这时,屈须摘来了蜜橘,于是三人品橘作诗。昭春颂橘树之风貌,景柏赞红橘之甘美。屈原则将橘树的形美质优糅合一处,取象立意,咏物托志,写成了一首《橘颂》:

后皇嘉树,橘徕服兮。

受命不迁,生南国兮。

深固难徙,更壹志兮。

绿叶素荣,纷其可喜兮。

曾枝剡棘,圆果抟兮。

青黄杂糅,文章烂兮。

精色内白,类任道兮。

纷缊宜脩,姱而不丑兮。

(天地间最美的橘树,习惯于南国的水上,天生不能移植,只肯生长在南方的楚园。橘树的绿叶映衬白花,繁荣茂盛令人心旷神怡,层层枝条长着尖尖的刺儿,树上挂满丰硕的果实。橘子皮色鲜亮、内瓤纯洁,就像一位志士仁人,气味芬芳、品德美好,她只给人以美的感受而不给人以丑的感觉。)

嗟尔幼志,有以异兮。

独立不迁,岂不可喜兮。

深固难徙,廓其无求兮。

苏世独立,横而不流兮。

闭心自慎,终不失过兮。

秉德无私,参天地兮。

愿岁并谢,与长友兮。

淑离不淫，梗其有理兮。

年岁虽少，可师长兮。

行比伯夷，置以为像兮。

（你从小有志气，具有高洁、超群的品质。你坚定不移的本性是多么可贵可喜。扎根南国矢志不移，胸怀坦荡而没有私心杂念。你头脑清醒，卓然独立于人间，挺拔坚强而不迎合世俗，也不随波逐流。你一直谨慎自守，从来没有过失。你秉持美德而摒弃私欲，这种崇高的品质将同天地一样长存不朽。我愿意同你生死与共，希望永远与你做朋友。你品德出众、风度优雅；你性格耿直、合于正道；你年岁虽少，但可以为人师表；你高尚的品行可与伯夷相比。我将以你为榜样，永远向你学习。）

屈原歌咏橘树，是用拟人的手法将橘树理想化、人格化。诗中的橘树不只是一种植物，还是一个被理想化的人。这个理想化的形象，集中了屈原心目中理想的品格、高尚的道德、坚定的意志和不变的节操。

屈原着重强调了橘树"受命不迁""深固难徙"的美德，这实际上是他自己爱国思想的真切体现。屈原从青少年时代开始就用爱国思想要求自己、培养自己，这正是他后来成为伟大爱国诗人的思想基础。

▶ 大胜秦兵

公元前321年，这一年屈原十九岁，秦军犯境。乐平里西通巴蜀，北连雍州，系交通要道，乃兵家必争之地。秦强楚弱，秦之兵匪流寇常窜至乐平里一带骚扰，烧杀掳掠，无恶不作，给百姓造成了极大的灾难。

哪里有压迫，哪里就有反抗，楚之西北边境各郡县的百姓，从未中断过反抗秦兵骚扰的斗争。十九岁的屈原，成了乐平里御寇的领袖。他平日爱读兵书，尤精《孙子兵法》(《孙子兵法》：又称《孙武兵法》，春秋时期军事家孙武所著，是我国古代流传下来的最早、最完整、最著名的军事著作，享有"兵学圣典"的美誉)，懂得战略战术。加之他身材魁梧，膂力过人，练就了一手好剑法，所以老年人信赖他，青年人钦佩他。他的主张是兵来将挡，水来土掩，只有狠狠打击，给敌人一点儿厉害尝尝，才能制止秦兵的骚扰。屈原把全村青壮年组织成一支"平寇队"，并将其中对秦兵有深仇大恨者组成"敢死队"。

屈原带兵不同于他人，他既重视学习兵书，训练武艺，又重视对平寇队进行思想教育，让大家明白为什么要平寇，为谁平寇。为激起战友们对秦兵的仇恨，他将秦兵在乐平里犯下的滔天罪行写成文章，让大家读；编成故事，讲给大家听；绘成图画，四处张贴。他多次举行控诉大会，请遭殃最重的村民在会上讲秦兵惨无人道的兽行。平寇队的战士们对秦兵恨之入骨，人人欲啖（dàn）其肉，个个欲寝其皮，大家同仇敌忾，训练必刻苦认真，

成长关键词 ▶ 勤奋、爱国、正直

战斗必英勇果敢。

屈原并非狭隘的复仇主义者,他常高屋建瓴地给队员们讲天下形势、楚国的历史和未来社会的发展趋势。他说:"现在,齐国最富,楚国最大,秦国兵力最强,这三国都有统一天下的条件。我们既是高阳氏的后裔,自然希望由楚来完成这一伟大使命。如此说来,眼下的平寇抗秦斗争,乃是强楚之举,是统一天下的先声和序幕。"一番话说得大家热血沸腾。

平寇队的战士们站在统一天下的高度,以富国强兵为目的,加紧了训练,加上屈原以《孙子兵法》为基本教材,处处身先士卒,严格要求,不出半年时间,平寇队便成了一支攻之能克、战之能胜的精锐部队。

屈原在北山的一棵大樟树上挂起一口青铜古钟,日夜派人放哨,发现敌情,就把钟敲响。敌人尚未进村,平寇队就布好了阵势,常常把小股秦兵杀得落花流水。秦兵吃了几次败仗,恨透了屈原,想方设法要来报复。

公元前321年正月十五,乐平里家家张灯,户户结彩,大闹元宵。屈原将平寇队召集起来,叮嘱大家夜间要多加小心,多派人手巡逻,和衣而眠,武器枕于头下,一听见钟响,马上到香炉坪集合。

后半夜,果有秦兵从北山袭来。屈原闻报,连忙唤来敢死队员商量迎敌之计。屈原下令,今夜不敲钟,火速分头通知队员们集合。

平寇队平时训练严格,队员们个个动作敏捷,今晚又早有准备,一声传唤,各持长矛、大刀、渔叉等武器飞快跑来香炉坪集合。屈原做了简短有力的战前动员,他说:"秦兵欲杀我等措手不及,我等可将计就计,摆一个十面埋伏阵,让其有来无回!"随后一一做了部署,最后强调:不准说话,不准点火,箭傍弦,刀出鞘,以鼓声为令。

安排停当,屈原将战鼓隐于隔溪与读书洞相对的山丘上,等待秦兵闯进埋伏圈。

元宵之夜,月明星稀,四周静悄悄的。秦兵摸进村子,鸡不叫、狗不咬,万籁俱寂,鸦雀无声。秦兵自以为得计,喜出望外,正欲砸窗破门,动手抢劫,忽听咚咚一阵鼓响,仿佛春雷滚动。"杀啊!""冲呀!"平寇队的战士如从天而降般冒了出来,呐喊着杀向秦兵。秦兵顿时慌作一团,吓得抱头鼠窜——窜到东边,东边箭如飞蝗;窜到西边,西边寒光闪耀。东西南北,四面八方,到处是平寇队,到处是渔叉和棍棒。经过一场激战,秦兵死的死,伤的伤,十去三四,余者丢盔弃甲,狼狈败退。

退至村口,随着一阵鼓响,路旁又杀出一支人马,高叫:"休放贼寇逃跑!"平寇队员们似猛虎下山,如蛟龙出水,挥舞着手中的武器杀向秦兵,剖瓜切菜一般,直杀得秦兵屁滚尿流,鬼哭狼嚎,死伤过半。

剩下的秦兵拼命逃奔,一口气逃了十数里。回头看看,平寇队并不追赶,正欲坐下喘息,忽然传来一阵惊魂动魄的鼓声,响声未落,数十支长矛齐上,数百支利箭齐飞。秦兵只恨爹娘少生了两条腿,连滚带爬,喊爹叫娘,被箭射死者、被矛戳死者、被刀砍死者不计其数,四五百人的队伍生还者无几。

这一仗打得秦兵亡魂丧胆,一连数月不敢前来骚扰,楚国西北边境上的百姓得以过了近半年太平日子。

名人名言·青春

1. 青春,一旦和它紧紧地握手,就能获得开拓新途径的动力,拥有创造性人生的灵性。

 ——金 马

2. 百日莫空过,青春不再来。

 ——[英]拜 伦

3. 如果说青春也有缺点,那就是它消逝得太快。

 ——[美]詹拉·洛威尔

4. 没有人会感觉到,青春正在消逝,但任何人都会感觉到,青春已经消逝。

 ——[罗马]小塞涅卡

5. 青春是一种持续的陶醉,是理智的狂热。

 ——[法]拉罗什富科

6. 青春并不是指生命的某个时期,而是指一种精神状态。

 ——[德]塞缪尔·厄尔曼

7. 青春时代是一个短暂的美梦,当你醒来时,它早已消失得无影无踪了。

 ——[英]莎士比亚

8. 青春是美妙的,挥霍青春就是犯罪。

 ——[英]萧伯纳

9. 青年是多么美丽!发光发热,充满了彩色与梦幻,青春是书的第一章,是永远无终结的故事。

 ——[美]朗费多

第二章

Qu Yuan'

艰难的仕途

吾不能变心而从俗兮,固将愁苦而终穷。

——〔战国〕屈 原

▶ 怀王赏识

　　大约在公元前 320 年，屈原离开了养育他的家乡，离开了亲朋好友，走向了郢都。踌躇满志的屈原非常兴奋，自己的学识得到了宫廷的承认，对于一个十分渴望进入宫廷、期望能展露自己的才华、实现伟大抱负的年轻人来说，还有什么比这更鼓舞人心的事呢？尽管他隐隐中已经感觉，自己的人生之路不会太平坦，然而从小执着的他不会畏惧。他已经打定主意，以这作为良好开头，从此留驻宫廷，一展宏图！

　　屈原带着父母的深切期望进入兰陵兰台宫，做了朝廷的文学侍臣。兰台宫虽然有森严的官员等级制度和烦琐复杂的宫廷礼仪，但屈原认认真真地学习着，小心翼翼地适应着，很快熟悉了这一切。这是个人才荟萃的文苑，屈原在这里进一步陶冶了文学情操，接触了各种新的学说，也感受到了时代的气息。很快，屈原广博的学问、超人的见识和峻洁的人格以及潇洒的仪表，深深吸引了楚怀王熊槐，他们共同探求强国之道，结下了深厚的友谊，约定要同心协力振兴楚国，统一天下。

　　不久，屈原即应诏做了三闾大夫。三闾即三姓聚居之地，三闾大夫就是春秋战国时期的公族大夫，是教导贵族子弟的教官。屈原做三闾大夫的职责是掌管屈、景、昭三姓贵族子弟的教育，担当着为楚国培养人才的重任。屈原上任后，忠于职守、不遗余力。他明白楚国是否兴盛的关键是有无人才，楚国能否修明法度、革除旧制也主要取决于有没有贤能之士来辅佐楚怀王。

此时的楚怀王正雄心勃勃,想干一番大事业,要与东方的齐国、西方的秦国比个高低。由于屈原在三闾大夫任上出色的工作成就和超人的见识,楚怀王大约于公元前318年任命屈原为左徒。左徒是春秋时期的莫敖,是参议国事的三巨头(即军事长官、行政长官和宗教长官)之一,地位仅次于令尹。屈原上任后,深得怀王信任,在怀王的支持下力图刷新朝政、革除弊端。他制定了一系列改革措施,这些改革措施包括"举贤授能""修明法度""及前王之踵武"和"国富强而法立"。此时,政治清明、君臣协作,楚国出现了前所未有的辉煌气象。对于这段日子,屈原在沉江前的绝笔《惜往日》中还有真切的回忆:

惜往日之曾信兮,受命诏以昭时。
奉先功以照下兮,明法度之嫌疑。
国富强而法立兮,属贞臣而日娭。
秘密事之载心兮,虽过失犹弗治。
……

这是屈原深受怀王信任时国势强盛的真实写照。屈原在外交上也表现出非凡的才能,在诸侯国之间也享有盛誉。他果断地改变楚国亲秦的外交政策,而与东方的大国齐国结成联盟。这在当时的形势下,对楚国来说是唯一正确的选择。秦国已成为七国中最强的国家,而楚国由于旧贵族势力极其顽固,改革的步伐极为缓慢。早些时候的吴起变法仅实行一年便告夭折,因此楚国迫切需要较为稳定的和平环境来改革内政,完成由奴隶制向封建制的转变,然后富强起来,才有统一天下的可能。如果齐楚断交,强大的秦国就会将它们各个击破,达到灭掉六国的目的。而且秦与楚结盟是有着它不可告人的目的的,秦国对楚国只是暂时的利用和控制。当时,秦王还曾派人到楚国宫廷内部,与楚国贵族私相交结,刺探楚国机密,长期如此下去,楚国只会越来越陷入被动的局面而被秦国吞并。

屈原联齐抗秦的主张得到少数有识之士的赞同，但大多数贵族却强烈反对。怀王的叔父就是反对派的主要代表人物之一，他和贵族保守派们纠集起来向怀王施加压力，急欲除去屈原。但怀王支持屈原的改革，他对反对派的意见置之不顾，甚至还镇压了一批激烈反对的顽固保守者，如怀王的叔父就被打入了"冥室椟棺"之中。楚国的改革在怀王的支持下取得了初步的胜利。

屈原还作为楚国重臣，代表楚国"东使于齐"，与齐国签订了联合抗秦的盟约。不久，在魏相公孙衍的倡导下，由苏秦奔走联合楚、齐、魏、韩、赵，结成合纵联盟攻打秦国，这就是历史上著名的"五国伐秦"。联军以楚怀王为纵长，浩浩荡荡地西出函谷关，虽并没有真正交战，五国无功而还，但已显示出东方合纵尤其是齐楚联盟的巨大威力，暂时牵制住了秦国，使其不敢轻举妄动。

▶ 修明法度

却说屈原埋头忙于制定《宪令》的时候，乐平里突然有人送来书信，说：祖母病危！这晴天霹雳似的消息让屈原犹如乱箭穿心，顿觉热血上涌，头晕目眩。祖母弥留之际盼孙早归，哪怕只看一眼，也可以瞑目心安，欣然离去了，因而他不能不归。祖母是位令人敬仰的长者，屈原的父亲伯庸常年不在家，整个家族都靠她一个人维系着，亲戚、朋友、邻里的关系她都处理得十分得体。她尤其乐善好施，肯周济穷人，宁可自己生活得拮据些，也要千方百计地接济他人。有借粮者，她总是大斗出，小斗入，无力偿还者，亦不讨要，故她在四乡八邻，有口皆碑。然而，屈原草拟法令的工作刚刚开始，新法早一天出台，楚国就早一天强盛；

晚一天问世，就多一天被人欺凌，百姓就多受一天苦难。家事再大亦小，国事再小亦大，为了早救民于水火，为了大楚早一天富国强兵，更为了及早实现天下统一的理想，他必须抓紧时间草拟各种法令，不能在这关键时刻回家为祖母送终了。祖母是通情达理的，她一直希望孙子能够有功于国，有惠于民，如今自己正在按她老人家的教导行事，相信她定会原谅自己的不孝。自古忠孝难两全，他愿以制法革新之伟业，来赎这不孝之罪。

屈原终究没有回家，他在赶拟各种新法条文。最近他总觉得头昏脑涨，力不从心。也许是祖母病危的消息对他的刺激太大，回去怕影响工作，不回去又总念念不忘；也许是近来拼得太狠，劳神太多，睡眠太少；也许兼而有之。他的身体一天天在消瘦，他的面容一天天在憔悴，他的精力一天不如一天。大家十分忧虑，都在担心他会垮下去，纷纷好言相劝，劝他休息几日，留得青山在，不愁没柴烧，但却无济于事，他依旧埋身书简，伏案疾书。平时，他的脑海里总是跳跃着那些充满了智慧的法律条款，只有当筋疲力尽，曲肱略作休息的时候，面前、耳边才浮现出祖母的音容笑貌和对自己的隆恩盛德，这既是梦中的幻景，又是千真万确的事实，令其永难忘怀。

经过近三个月的昼夜拼搏，一系列新法终于草成。屈原将它交给怀王御览钦定，怀王面前呈现着漫漫坦途，一片光明。新法出台，似一声炸雷响过，风在呼啸，云在奔涌，雨似瓢泼，大地在震颤，江河在奔腾。面对着这同一件事，在同一时间里，有人欢呼歌

楚怀王

唱，有人奔走相告，有人破口大骂，有人暴跳如雷，有人策划于

密室，有人四处煽风点火，有人在秘密串联……

为了统一思想，一日早朝后，楚怀王不顾屈原的阻挠，将子椒、靳尚、陈轸、昭睢、景博民等重臣留下，就是否需要变法改革、应该怎样进行变法改革等问题进行了讨论。唇枪舌剑无异于刀光剑影，大家争辩得十分激烈。怀王首先说道："楚自先祖庄王称霸以来，至今200多年了，楚国一直在墨守成规，因循守旧。到了今天，七雄并起，强秦虎视眈眈地觊觎（jì yú）着我们大楚，不断侵凌、骚扰，弄得我西部边疆民无宁日。先君悼王曾任用吴起变法，一年大见成效，国势骤强，南收百越，北并陈、蔡，还打退魏、赵、韩的进攻，向西打过了秦界，后又攻魏，战于州西，出于梁门，军舍林中，马饮于大河。惜乎悼王早崩，吴起惨死，变法失败，楚又一天天衰落。当今诸侯纷争，弱肉强食，法古之学，已不足以制今。倘再不思变革图新，总有一天，我们将面临亡国灭族之祸！值此礼乱兴邦之时，望诸位爱卿与朕风雨同舟，共襄盛举！"

这里，怀王定了调，调了弦，法是一定要变的，希望众卿与自己同心一德，共推新法。但代表奴隶主贵族利益的一伙人，还是按捺不住地要站起来反对，他们似乎要力挽狂澜，坚决阻挠变法改革的实行。靳尚首先发难说："陛下，变法关系到社稷（jì）百官之大事，还需审慎以行。"

似睡非睡、眼半睁半闭的子椒附和道："古人云，'利不百，不变法；功不十，不易器'。依臣之理解，古人此言之意是，无百利不变，利少弊多不变，有利有弊不变，利多弊少亦不变，总之，要有十分的把握。倘轻易变法，改弦易辙，民心则必浮动，国势则必削弱。"

屈原听了这些反对变法改革的陈词滥调，很是气愤，但他并不激动，慢条斯理却义正词严地驳斥道："令尹此言差矣！商汤、周武所以称王，正因其勇于革除旧制，不墨守先王陈规陋俗；殷纣、夏桀所以灭国，正是由于其陈陈相因，不思改革。古人云，'三代不同礼而王，五强不同法而霸'。先祖庄王在位二十余载，灭国二十六，扩地三千里，饮马黄河，问鼎中原，正是变法改革的结果。由此可见，王道霸术，贵在变法，富国强兵，势有必然！"

子椒那半闭着的小眼突然睁大，倚老卖老地高声斥道："够了！一个乳臭未干的黄口小儿，竟然在大王与众位尊长面前大谈变法，真不知天高地厚！谈什么庄王称霸、悼王变法，你知道多少楚国的历史！"

怀王听不下去了，他声色俱厉地说道："请令尹放尊重些，自古'有志不在年高，无志空长百岁'，屈爱卿年齿虽轻，却系寡人所任命之当朝左徒。屈爱卿奉寡人之命、遵寡人之旨而拟新法，新法既成，寡人钦定后方宣，你这样讲话，将朕置于何地？如此孤傲狂妄，楚廷这潭浅水，还能容下你这条大鱼吗？"

子椒虽老朽昏聩，倒也知道自己说错了话，两只小眼眯成了一条线，脸臊得像红布，讷讷半天才说了句"臣知罪"，这自然是言不由衷之语。

怀王既然训斥了子椒，屈原也就不便再说什么，大家沉默了许久。是屈原打破了这种令人难以忍受的沉默，他说："平不敢言说深明楚之历史，倒也略知一二。远且不说，先君悼王之后，变法中止。贵族拥兵自重，主君形同虚设；井田荒芜，民不聊生；公侯子弟无功受禄，能人贤士纷纷离去，故世有'楚材晋用'之说。面对国库空虚、荒田遍野、兵甲怠战、民心涣散的危险局面，达官贵人却在粉饰太平、横征暴敛，完全置国计民生于不顾，长此以往，正如方才大王所言，必遭亡国灭族之祸……"

靳尚终究是个狡黠之辈，当屈原这样侃侃而谈的时候，他那瘦削的瓦刀脸拉得更长了，两只豌豆似的鹞眼滴溜溜乱转，像是在搜寻猎物，又像是在搜索枯肠玩味对方讲话的内容。他高耸而尖端带钩的鹰鼻不时地抽搐、耸动,这大约是捕捉猎物前的本能动作,那鼻尖还一啄一啄的。他改变了主题问道:"新法说要治危图强,就得奖励耕战,立垦荒之令,求清正之官,去害民之吏,建忠勇神武之军。请教左徒,这些法令条文究竟何意?"

靳尚这一突如其来的转弯,想打屈原个措手不及。他仿佛一只绿头苍蝇,正在改变阵势,找缝下蛆。哪知新法对屈原来说,早已熟稔于心,靳尚岂能问住!靳尚的话音刚落,屈原便滔滔不绝地宣讲道:"垦荒之令便是将公田分给耕者,按亩纳税,有余归己,打破封疆之界,奖励开荒造田;所谓求清正之官,便是废除分封世袭之制,广开贤路,唯才是举;害民之吏指的是那些饱食终日、无所用心、巧取豪夺、敲骨吸髓之贪官污吏,那些以权济私者亦在其列;建忠勇神武之军,就是明白地告诉国人:奖励公战,严禁私斗,凡杀敌立功者,不论出身贵贱,都可以破格提拔;凡怯战不前者,即使是公侯贵族之后,也严惩不贷!若依此法而行,国人定以公战为荣,以私斗为耻,一支无敌无畏之军,便指日可待了。"

子椒对新法怀着刻骨的仇恨,他自己称这种心理为"疾恶如仇",因而尽管刚刚认罪不久,又怒不可遏地瞪大了半睁半闭的双眼,恶狠狠地说:"如依此法,势必使贵贱不分,上下颠倒,公族卑弱,社稷无靠。刁民将犯上作乱,为所欲为,天下岂不就要大乱了吗?"

封人熊忠臣虽然只有三十几岁,思想却极其古板,与新法格格不入,他随声附和说:"近几年来,风不调,雨不顺,地震山崩,此乃天象示警,万不可变法。"

靳尚看准了火候又加议论说:"是呀,天意不可违,先王之法不可变,大王若一意孤行,必遭天下非议与指责。"

陈轸素来十分稳健,不轻易发表意见,靳尚竟敢指责大王一意孤行,他再也不能沉默了,正言厉色地说道:"疑行无名,疑事无功。大王既已决定变法,就不必再与众人商议,这样七言八语,反倒容易动摇决心。变法已如箭在弦上,不可不发,而且开弓没有回头箭,绝不可徘徊动摇。每行一事,难免要遭人非议与指责,更何况变法改革之壮举呢?'愚者请于成事,智者见于未萌',既然变法改革利国利民,将使我荆楚富国强兵,何乐而不为!我主莫要顾忌庸臣愚民之七嘴八舌,成大事者不谋于众,锐意变法,大刀阔斧地进行改革吧!"

昭睢不愧为武将,开言吐语则必火药味甚浓,他张大了嗓门吼道:"汤武不尊古而强,殷夏不变法而亡,此乃历史之教训。大丈夫立世,当一展平生之愿,我主大胆变法就是。有胆敢挺身反对者,臣统率十万大军必将其踏为齑粉!"

顽固派是决不肯轻易改变自己的立场和观点的,也不会因为有人要将其踏为齑粉就畏缩不前,只是随机应变,不断地改变自己的斗争策略罢了。子椒虽身为令尹,但却不敢与昭睢针锋相对,他避开了锐利的锋芒,再次将矛头指向了屈原。指向屈原不无道理,因为是他力主变法改革,是他让怀王不顾祖宗的遗训,而且他刚进京,才任左徒,年轻稚嫩,毫无根基。在子椒看来,屈原远非自己的敌手,他气势汹汹地质问说:"屈左徒,你置先王之法于不顾,定要更改,居心何在?"

靳尚见子椒出言不逊,恐招惹灾祸,急忙提醒道:"令尹,请冷静点!"

子椒仿佛突然年轻起来,一改老朽昏聩之旧态,又似乎为了社稷江山之安危,早已将自己的死生祸福置之度外,他气冲冲地说:"社稷安危,在所必争,我冷静不了!"

熊忠臣故作十分友好地说:"左徒,你不可违背众意,更不可违背天意!"

在此之际,怀王突然说道:"众位爱卿听着,变法图强,昌盛我荆楚,上合天心,下合民意,此乃秉承先君遗训、孝顺列祖列宗之举。"说着他擎起宝剑,将几案上一只碧玉酒樽击破,厉声起誓道,"从今往后,有敢议变法之非者,有如此樽!"

事已至此,文臣武将,自然无敢再强谏者。朝廷之上,庄严肃穆,犹如阴沉的天空,一场暴风骤雨,就要以雷霆万钧之势,席卷荆楚大地。

屈原主持变法改革,怀王授其龙泉剑一把,朝廷内外,举国上下,有敢反对实施新法者,先斩而后奏。

怀王拜昭雎为大司马,统率全国军队,有敢割据一方、不行新法者,兴师讨之,以军权佐屈原推行新法。

新法代表了中小地主阶级和广大民众的利益,反映了他们的愿望和意志。大多数贵族从骨子里反对新法,但一个个都精得像鳖,谁也不愿做那先烂的出头椽子,都在以观望的态度对待新法,故新法之行犹风雨雷霆,锐不可当。一时间,江汉平原、荆楚大地,处处山欢水笑……

▶ 忠而被谤

屈原的改革步步深入,贵族派的反对者们也加紧了活动,对触犯了他们既得利益的改革恨得咬牙切齿,都在伺机剪除屈原。一天,屈原正在起草改革的具体措施,准备扩大改革,进一步选贤任能、斥逐佞臣,以推行其美政理想。上官大夫听说之后,便以拜访屈原为名想要探知这些改革条文的具体内容。他要求屈原给他看看草稿,屈原拒绝了,上官大夫便上来抢夺。屈原将竹简收在一边说:"还未经大王过目,其他人不能随便翻看。"

上官大夫恼羞成怒,对屈原说:"屈左徒,你起草诏令我也有权过问,不要以为大王这几天瞧得起你,你就不正眼看人了。我跟你说句透亮的话吧,这官你要当就好好当,你要是总跟我们过不去,可怪不得我们。"屈原根本不怕他的威胁,说:"悉听尊便。"上官大夫见威吓不起作用,便恨恨地说:"那好吧,屈左徒,咱走着瞧,看究竟谁高谁低。"说完,便怏怏地走了。

几天之后,上官大夫朝见怀王,谗毁屈原说:"大王,楚国日见强盛,秦国不敢东侵,诸侯望风而伏,谁不知道这是因为大王英明。可屈左徒到处扬言'楚之兴旺全靠我屈原出谋划策,每项法令都是我屈原一手制定的,朝中大臣连看也没有看过,大王也不过是过过目而已,楚国能有今日,是我屈原的功劳'。"

怀王素来好大喜功、轻信易怒,听了这话,勃然大怒,因此就对屈原有些疏远了。

造谣进谗者一个接一个地在楚怀王面前活动,诬陷、中伤屈原,大夫邵滑更是说得连嘴皮子都快要磨破了。明眼人都能看出,邵滑之流之所以如此陷害屈原,不仅仅是嫉妒,更是亲秦派企图扼杀抗秦派的一种蓄谋已久的险恶行径。楚怀王了解屈原的为人,也知道屈原变法的最终目的,对于这类谗言,起初当然不信。但邵滑之流轮番上阵,把编造的事情说得像真的一样。楚怀王轻信的缺点终于又暴露出来了,他恍然觉得,才华出众、性情高傲的屈原可能真会自以为是,真会不把包括一国之主在内的贵族和高官放在眼里。楚怀王琢磨着、想象着。他对自己说:有这么多人来提醒我,来向我告状,难道这事还不是真的吗?

楚怀王终于把屈原叫到跟前,当着众臣的面,质问屈原:"你是不是因为掌管了变法,而变得狂妄自大?是不是因为觉得自己有才,而疏慢了上官大夫等人?"楚怀王的质问是严厉的,带着君主凛然的威严。

屈原愣住了,但马上明白了是怎么回事。可是,出于对邵滑之流的极度蔑视,屈原不愿做太多的解释。这世上难道还真没公

理了吗？公理难道非得要由自己来说，而不能用事实来证明吗？大王您难道就不会意识到自己的质问是错误的吗？……

屈原沉默着，一直沉默着。自尊的他要让楚怀王在这种无声的抗辩中明白事实的真相，感觉正义的力量。

万万没有想到的是，屈原的不屑争辩，竟让楚怀王误以为他是理屈词穷，已经承认了自己的抢功和炫耀。刚愎（bì）自用的楚怀王武断地认定，屈原确实不可大用，于是当即传令，罢免屈原左徒之职，不许他再上朝参议政事。因为失去了楚怀王的支持，屈原的改革流产了。

屈原对怀王的中道改志十分震惊，他知道肯定是上官大夫等人在怀王面前说了自己的坏话。他很气愤，愤恨小人们壅塞君王而断送了楚国发展的大好时机。他曾多次请求面见楚怀王，向怀王阐述自己的政治主张，表明自己对国家的忠心，试图让怀王驱逐小人而继续改革朝政。但是怀王拒不接纳。

在这段时间里，他作了《九章》中的一篇作品《惜诵》。"惜诵"就是喜欢谏诤的意思。诗中极力表白了自己对国家及君王的耿耿忠心：

思君其莫我忠兮，忽忘身之贱贫。

事君而不贰兮，迷不知宠之门。

意思是，我思念君王，是群臣中最忠于他的人，不顾自己贫贱的身份，竭力为他效劳。侍奉君王专心不贰，不知道哪里是取得宠幸的大门。

然而楚怀王只可思念而不能倚仗，上官大夫等卑鄙小人们左右楚怀王，已布下了蒙蔽君王的天罗地网，屈原与怀王的联系被隔断了。

这次被免职的打击是沉重的，屈原第一次清楚地看到了小人的真实嘴脸和楚国保守贵族的强大势力。他为自己没谨慎地把握好这次改革的机会而懊悔。

吾闻作忠以造怨兮，忽谓之过言。

九折臂而成医兮，吾至今而知其信然。

意思是，我听说对君王尽忠会引起别人怨恨，过去我一直认为是偏激之言。毕竟要多次得病才能成为医生，我今天才知道的确如此。

虽然遇到了阻力和挫折，但屈原并不打算改变自己的志向。因此屈原在楚怀王始终不接纳自己的进谏时，萌生了离开楚都到他处躲避的打算。

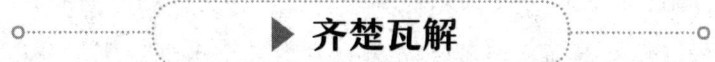

▶ 齐楚瓦解

张仪是战国时期纵横家的代表人物，他本是魏国人，熟悉各国情况，能言善辩。从公元前328年起，他就在秦国当相国。他一贯主张以连横方式瓦解六国，使秦国称霸天下。

苏秦游说六国，采用合纵战略，使六国联合起来，共同对抗强大的秦国。张仪则帮着秦国到各国游说，要这些国家与秦国联合攻击别国，叫作连横。

六国中，齐国和楚国比较强大，在屈原的促使下，两国结成了同盟，对付秦国的连横。这成了秦惠文王的一块心病，他千方百计想破坏齐、楚两国的关系，以便使秦国渔翁得利。

相国张仪了解秦惠文王的心思，对他说："大王请放心，我有把握叫齐、楚两国反目成仇。"

秦惠文王便派张仪到楚国去实施离间计划。张仪和楚怀王身边的宠臣靳尚是老朋友，他先用重金买通了靳尚，也给令尹子椒等各送上一份厚礼，又通过他们送给郑袖（郑袖：楚怀王宠妃，貌美而善嫉妒，有智慧。楚怀王宠爱魏美人，郑袖设计让楚怀王割了魏美人的鼻子。郑袖还干预朝政，收受贿赂，放走张仪，诬害屈原）许多珍贵的物品，把楚怀王周围的人全部买通了。这时屈原因没有资格参议朝政，所以张仪的活动极为顺当。楚怀王本来对秦国没有好感，对张仪此次来楚的目的也很怀疑，但经不住朝臣靳尚、南后郑袖三番五次到他面前说张仪的好话，便接见了张仪。

张仪对楚怀王说："现在秦国与楚国，边境相接，是亲邻的关系。大王如果相信我的话，就把秦国太子接到楚国做人质，把楚国太子送到秦国做人质，并且秦王会送秦女来伺候您，再送一块地做食邑，使两国永远保持兄弟关系，不要再互相攻讨了。"

张仪还从国力、与各诸侯国的关系甚至地形等因素分析，指出楚国远不如秦国，如果秦国发兵攻楚，不到三个月就会灭掉楚国。他说："现在天下虽然一分为七，但能够称为大国的，也只有楚国、齐国和秦国。秦王派我来贵国，就是为了我们两国之间修好。大王如果肯与齐国断绝往来，我国愿意把商、於（商、於原来属于楚国，是楚国北部国防要地，在楚宣王当政期间，被秦国的商鞅夺去）总共方圆六百里的土地送给您，让我们两国世代结为友好邻邦。这样一来，楚既得到大片土地，又与秦国联盟，对齐国形成威胁，齐王不得不服从大王，为大王效力，对楚来说，真可谓一举三得。"

昏聩贪婪的怀王信以为真，说："这商、於之地原来就是楚国的领土，被秦国夺去了几十年，现在能够收复，真是太好了！"他立即在朝廷上宣布答应张仪的条件，群臣齐声道贺。只有大夫屈原皱着眉头说："我看这未必是好事，不要高兴得太早。"

楚怀王板着脸问他："我们不费一兵一卒，白白得到六百里地，为什么不是好事呢？"

屈原回答："秦国之所以看重大王，是因为大王有齐国的支持。现在秦国还没有还给我们土地，我们先与齐国绝交，这样楚国就孤立了，秦国又怎么会看重孤立无援的国家呢？您如果先让秦国割地然后与齐国绝交，秦国的诡计就不能得逞；而先与齐国绝交，再向秦国要地，秦国肯定不会割地。这是一个骗局，大王您三思啊！"

楚怀王说："不要管这么多，我们先把六百里土地拿下来再说。"

屈原担忧地说："只怕这六百里地也只是张仪的一个诱饵，不一定能够到手。大王不妨先派人跟随张仪到秦国接受商、於，等到手后再与齐国断交也不迟。"

陈轸也站出来说："张仪是出了名的出尔反尔的小人，大王千万不要中了他的诡计啊！"

靳尚收了张仪那么多贿赂，就帮秦国说了许多好话，竭力怂恿楚怀王按张仪的条件去做，坚决与齐国断交。

楚怀王听惯了奉承拍马的漂亮话，认为靳尚的话很有道理，就武断地说："张仪是秦国的相国，怎么会说话不算数呢？我们要得到那六百里土地，当然要马上与齐国断交！"

于是，楚怀王一面与齐国断交，一面派人跟随张仪到秦国接受商、於的土地。

几个月后，楚怀王派一个将军随张仪来到秦国接受割地。可一到咸阳，张仪就假装醉酒从车上摔下来，然后推说伤得太重，把将军扔在旅舍，不再露面了。又过去了几个月，割地的事迟迟没有兑现。楚怀王非常着急，便派人到秦国打听消息。他听说张仪怀疑楚与齐并没有真正绝交，就立即采取了行动：派勇士到齐国去辱骂齐王。齐王对楚怀王这种无礼的做法十分气愤，折断了符节，发誓说永远与楚国断绝联盟关系。张仪得知齐楚关系彻底破裂，便召见了楚将军，拿出一张地图，半真半假地说："你不要搞错，谁肯把六百里土地送人？我是把秦王赏我的六里地送给楚王，这是我自己的封地。"将军以为听错了，问他说："大王与你约定的是六百里，怎么这会儿成了六里？"

张仪眼珠一翻，冷冷地说道："大概是楚王听错了吧？秦国的土地都是祖先传下来的，怎么可能拱手送人呢？我与楚王明明约定的是六里，根本没听说有什么六百里。"

将军愤然回了楚国，回复了楚怀王。怀王气得怔怔地说不出话来，直到这时他才明白上了秦国的当，他恨透了张仪，大骂张仪是反复无常的小人。

接着，他又气急败坏地下令发兵十万攻打秦国，要用武力夺回商、於六百里土地。

陈轸连忙劝阻道："现在我国已经和齐国断交，如今孤军去攻打秦国，不一定能够取胜，还是从长计议的好。"

楚怀王刚愎自用，哪里听得进？为报张仪的欺骗之仇，并夺回商、於之地，楚怀王派大军前去攻打秦国。秦王早已做好准备，而楚国则是草率出兵，自然不是秦国的对手。两国军队大战于丹阳（今河南省淅川县附近），结果楚军大败，八万士兵捐躯，大将军屈丐、逢侯丑和受封有爵位的将领等七十余人被俘。楚国不但没有夺回商、於之地，反而又失掉了汉中之地（今湖北省西北、陕西省东南一带）。战败的消息传回郢都，举国上下都万分悲痛。楚怀王在郢都举行了大规模悼念活动，隆重悼念在丹阳之战中死难的将士，同时在悼念活动中也祭祀鬼神。

屈原也参加了这些活动，创作了英雄主义的赞歌《国殇》，同时根据楚人为抗拒秦国的军队而举行的歌舞娱神活动创作了《九歌》中的其他十篇。

对丹阳之败，楚怀王非常不服气，不久又动员全国军队，派大将率领军队进入武关，在蓝田（今陕西省蓝田县附近）与秦军展开交战。这时，韩、魏两国一方面怨恨楚国单方面撕毁六国合纵盟约，另一方面又受秦国的挑唆，悄悄派兵从背后偷袭了楚军，楚军腹背受敌，力不能支，而齐国痛恨楚国背盟弃约，不肯出兵援救。楚军又败，狼狈地退回了楚国。

▶ 出使齐国

丹阳、蓝田两次大战失败，惨重的代价使楚怀王清醒了一些。他后悔没有采纳屈原的建议，如果用屈原联齐抗秦的策略，决不会被张仪欺骗，也不会有丹阳、蓝田之战的巨大损失。楚怀王考虑到要扭转这极其被动的局面，当务之急是要恢复与齐国的联盟关系，但两次派使者与齐绝交，又派勇士辱骂齐王于朝廷，绝之太甚，现在吃了大亏才想到与齐和好，齐国会同意吗？又能派谁去与齐和好呢？楚怀王立马想到屈原曾多次出使齐国，在齐国也有极高的声誉，如派屈原前去，还有可能恢复同盟关系。于是怀王不顾朝臣的激烈反对，召见了屈原。怀王对屈原说："寡人一时糊涂，听信张仪的欺骗之言，使楚国遭受这么大的损失，看来我们只有和齐国联盟，才能确保国家安全。可我们上次绝齐太甚，还能与齐国再次订盟吗？"屈原虽遭免职的痛苦，对楚怀王的做法也很不满，但怀王既已悔悟，他也就没有计较个人的恩怨得失。为了楚国整个国家的利益，屈原是赴汤蹈火在所不辞。他说："大王，臣多次出使齐国，与齐王也有交情，和齐重任非我莫属。我愿出使齐国，说服齐王与楚恢复结盟。"

很快地，屈原以楚国使臣的身份到了齐国，齐威王并没有因为齐楚关系破裂而怠慢他。齐王知道屈原为人正直、坦荡、守信用，是个有德君子，也非常欣赏屈原的才能，但一听屈原说此次来齐是要与齐重订盟约，就不高兴了。他对屈原说："楚王辱齐太甚，况且楚怀王没有定见，朝夕变化，我们不敢再与楚国订立盟约了。"屈原将楚怀王被欺骗的事原原本本告诉齐王，并将怀王的歉意转达给齐王，说："臣此次出使齐国，一为齐楚重订盟约，二代楚王致歉。齐楚联合，对齐、楚两国都有好处。如齐楚不联合，互相攻打、彼此削弱，最终会使秦国坐享渔人之利。楚国与齐国可谓唇齿相依啊！"齐王点头称是，齐国虽然与秦国相距遥远，战祸暂时还不会殃及齐国，但秦灭掉了楚国，齐国还不是任其鱼肉吗？齐王最终接受了屈原的意见，与楚重新订立了盟约，恢复了两国间友好同盟关系。

秦国见齐楚再次结成联盟，无机可乘，便又生出新花样，派遣一个使者到楚国，要求楚国用黔中地与秦国武关以外的商、於之地交换。楚怀王此时对张仪的仇恨还没有消减，便对使者说："回去告诉你们大王，我不愿换地，如果你们把张仪送来，我把黔中地白送给秦国。"

秦惠文王想交出张仪，但顾及张仪对秦国一直忠心耿耿，为秦国出了不少力，如今要用他换地，不好意思开口。张仪主动向秦王请求到楚国去，并对秦惠文王说："秦国强大，楚国弱小，我是奉您的命令出使楚国，楚国惧怕秦国，不敢杀我。而且我与楚国朝臣靳尚私交很深，靳尚又是郑袖的宠信，到楚国后我多送些钱财给他们，他们定会为我周旋，我不会有生命危险的。即使他们杀了我，以我区区张仪的生命能为秦国换回黔中地，我死而无憾！"

张仪到楚国后，立即被楚怀王囚禁起来，楚怀王决意杀掉他。靳尚事先已接受了张仪的贿赂，便又急切地为他周旋起来。他向楚怀王进谏说："拘禁张仪，秦王必怒，秦楚大动干戈对楚国不利，而诸侯国见楚国没有秦国的支持，必定轻视楚国，楚国的处境就极其危险了。"靳尚又向郑袖进言："张仪是秦国的功臣，秦王派他来是要通过他说服楚王纳秦王爱女为王后。楚怀王必定喜欢秦女,也愿意与强秦结为联盟,这样秦女日益受宠,您的地位就不稳固了。"郑袖听信此言,极力向怀王撒娇使宠,劝怀王让张仪离开楚国。这时,屈原刚从齐国出使回来,听说怀王要放走张仪,立即进谏:"您被张仪欺骗的奇耻大辱难道忘了不成?就是因为他耍弄手段才使齐楚绝交,以致有丹阳、蓝田大败啊!"楚怀王说:"答应张仪与秦和好,又能保住黔中地,这是再好不过的事了。"他最终还是没听屈原的劝告,放走了张仪而与秦和好。

张仪回秦国后不久,秦惠文王死了,武王即位。秦武王对张仪没有好感,张仪只得又回了魏国,公元前310年死于魏。张仪死后,形势又有了变化,六国合纵又有了可能。这时齐威王死去,齐宣王即位。

齐宣王想要当六国纵约长,准备联合六国抵抗秦国。他不满楚与秦友好的关系,写信给楚怀王,建议楚国与齐国和盟。楚怀王见信后,犹豫不决,担心不与秦断绝关系吧,得罪齐国;与秦断绝关系吧,秦国来攻。于是他召集群臣在朝廷上商讨对策。群臣意见不一,有的主张听从齐国,有的主张还是保持与秦的友好关系。令尹昭雎力排众议,坚决主张听从齐国,他说:"楚国虽然攻取了越国,但在与秦国的交战中屡屡割地丧兵,必须从秦国手中夺回失地,才能洗刷耻辱,在诸侯中树立威信。今之上策不如深交齐、韩,迫使秦国归还侵占的楚国地盘。"楚怀王认为有理,便采纳了昭雎的建议,绝秦和齐。屈原因进谏杀张仪之事得罪了怀王,没有被允许参加廷议,只能通过昭雎等敦促怀王与齐、韩和好。

秦武王在位只有四年即死去,由他的异母弟秦昭王继位。昭王的母亲是楚国人,昭王本人又是以异母弟的身份继承大统的,因此登基之初地位并不稳固,朝廷内部有内乱的危机。秦昭王为稳定地位,改变外交政策,联合楚国,派人送给楚怀王丰厚的礼品,又送秦女给楚怀王。楚怀王也想利用秦昭王母党的关系拉拢秦国，力图在秦国树立亲楚派。几番活动之后，秦国的母党贵戚、楚国人向寿当上了秦国的丞相。在这种情况下，秦、楚两国于楚怀王二十四年（公元前305年），在黄棘（今河南省新野县东北）正式订立盟约，秦国将上庸（治所在今湖北省竹山县西南）割让给楚国。屈原等竭力坚持的齐楚联盟又被毁掉，楚又投入了秦的怀抱。

▶ 郑袖进谗

楚怀王虽有统一天下之勃勃野心，却无叱咤风云之胆识与能力，倘生于平民之家，应归庸碌之列。他胆小怕事，畏狼惧虎，不禁事，不耐压。以打仗作比，只能打胜，不能打败；以驾船为喻，只能顺风顺水，不能逆风逆浪。自六国合纵，身为纵约长以来，怀王整日做着再次联兵伐秦，一举统一天下的美梦，完全没有考虑到秦国会远交近攻，挥师东进，蚕食、鲸吞楚国。一旦秦采取新的外交手段和军事行动，形势就会对楚不利，他难以承受，惧怕秦报几年前六国联兵侵伐之仇。一急之下，他宿疾复发，肛痔崩漏，脓血淋漓，疼痛难忍。

一时间，天阴地晦，风暴雨狂，雷霆震宇。南后非但不忧不惧，反而庆幸暗喜。她急召靳尚，昏夜中于朝云馆聚首密谋，酝酿新的毒辣阴谋。

在楚国，请巫师跳神驱邪，比比皆是，司空见惯。谁家有了病患者，就会请一个男巫或者女巫来家里。那巫师手弹锣鼓，腰系响铃，边跳边唱。虽然舞姿并不优美，歌声也不悦耳，却粗犷豪放，欢快有趣。他们能应病家所求，言中患者病征、患病的原因以及治疗疾病、驱除邪祟的办法，并愿效力施法，但需加倍付给爰（yuán）金（爰金：也称印子金、金钣或金饼，战国时期楚国的货币名。大多呈方形，少数呈圆形，上面用铜印印为若干个小方块，看似乌龟壳。完整的重约一市斤，含金量一般在90％以上。印有"郢爰""陈爰"等字样，是我国现存最早的黄金货币）。楚宫请来巫师为怀王跳神驱邪，那规模、那阵势、那气派，自然与民间不同。男女两队，每队九人，女的妖冶，男的威武。有专门的乐队伴奏，男的挥桃枝，女的舞艾草，舞姿新颖别致，队形变化无常。音调高亢，旋律跌宕，或分，或合，或问，或答。这与其说是跳神驱邪，不如说是一场精彩的歌舞表演。然而，那歌词的内容却全在于驱邪。他们说，大王之所以身染重恙，是因为正有魔鬼缠身。这魔鬼将自己装扮成正人君子，打着富国强兵、统一天下的旗号，骗取了大王的宠信；这魔鬼野心勃勃，正欲篡权夺位，变荆楚天下为己所有。倘大王不当机立断地斩黑手、驱恶魔，不仅贵体难得康复，楚之社稷江山怕也危如累卵……

　　秃子头上的虱子是明摆着的，这缠身的魔鬼指的不是别人，正是屈原。此刻的怀王，虽说神志尚处半云半雾的迷乱状态，但对这一点的理解和认识，却是清醒而深刻的。

　　明眼人不难察觉，这些既跳且唱的男女巫师，或者为郑袖、靳尚一伙儿所收买，来装神弄鬼地加害屈原，以挽救他们在官场政界的惨败局面；或者他们本来就是一伙儿，经过训练后，故弄玄虚地来愚弄、蒙骗怀王，想借刀杀人，除掉屈原这个眼中钉、肉中刺。

　　怀王一直以来就特别相信巫术，将巫师之言看成是神灵所示，即所谓的天意。天意不可违，违者必遭天谴，灾难临头。为君者，驱除一个臣子，易如反掌，然而今天，上天命他除掉屈原，他却难以接受，忧虑、苦恼、悱恻、缱绻、怨愤一起袭来，弄得他焦头烂额、心乱如麻。一连数日，他食不甘味，夜不安寝，一闭上眼睛，面前便出现了屈原那谦谦君子的光辉形象、忠贞爱国的博大胸怀、公而忘私的高贵品格、叱咤风云的雄伟气魄。没有屈原，便没有一系列新法的出台，更没有变法改革的成果、民富国强的辉煌、六国合纵的新篇章、统率山东六国之师联军伐秦的荣耀。一句话，没有屈原，便没有如今楚国的强盛和天下的大好形势！他的知识、他的节操、他的胆识、他的能量，可与天地共存，与日月齐辉，这样的忠贞之臣，怎么会是缠身的魔鬼，令朕国败身亡的隐患呢？怀王没有想到会有人在搞阴谋、弄权术，只意识到有可能是天地不公，判断有误，他在期盼着上天做出新的、公正的裁决……

一日，怀王与靳尚下棋，闲谈中怀王说道："数月来，屈左徒忙于联络山东诸国，共对强秦，也不知那制宪一事进展如何？"楚怀王这话，像在自言自语，也像是在问靳尚，等待着他的回答。

以危害人类健康为己任的苍蝇，休看其貌不扬，渺小得可怜，却有着极灵敏的嗅觉，闻到腥臊之气，急忙奔去，以便找缝下蛆。怀王说得无意，靳尚听得有心，他的海豹须抖了三抖，老鼠眼转了三转，瓦刀脸骤然缩短，故作漫不经心地冷冷一笑，说："依臣推想，屈左徒之《宪令》怕是早已制定完毕……"

闻听此言，怀王触电似的，浑身的所有神经顿时拉紧，连面部的肌肉都在抽搐："汝何以知之？"

"这个……"靳尚故作犹豫，欲言又止，"事关重大，臣不敢妄言。"

怀王鼓励说："有话请讲，有寡人为汝做主，有何惧哉！"

靳尚默然不语良久，似在进行激烈的思想斗争，最后终于下定了决心似的说："大王请想，倘使《宪令》尚未制成，举国上下，怎么会将《宪令》的内容传播得沸沸扬扬、妇孺皆知呢？"

"啊，竟有此事！"怀王大吃一惊，几乎是被一股巨大的力量弹离了坐席。他双目圆睁，脸色铁青，怒不可遏地将桌几踢翻，气冲冲地踏着满地乱滚的棋子走来走去。

看着时机成熟,靳尚火上浇油道:"《宪令》系国之根本大法,未经大王裁决,便近播远扬,这屈左徒也太目无君王了!"

一石激起千层浪,一颗火星点燃了堆积于怀王胸中的干柴,即刻腾起了参天烈焰。他炸雷似的吼道:"来人哪!"

有内侍闻声而至,低声下气地问道:"大王有何吩咐?"

怀王横眉倒竖,浑身战抖,字字千钧地命令道:"火速传旨左徒府,命屈原即刻进宫,寡人要亲自问他!"

内侍奉旨,转身欲去,靳尚口出一个"慢"字,举手制止了。他毕恭毕敬地对怀王说道:"大王莫非是让那屈原气糊涂了?此刻他正奉旨使齐,如何能马上进宫来见呢?"

"这个……"怀王似在作难,两手相对搓个不止,"待他归来后再见分晓。"

幸亏此刻屈原使齐不在郢都,否则这将是很难收拾的尴尬局面。

假的总是假的,靳尚最怕"见分晓"。本来已经熄灭的炭火,他又投进些干柴,以棍拨之,以风鼓之,令其重燃。沉默有顷,靳尚突如其来地说道:"依微臣之见,即使屈左徒正在橘园制《宪令》,大王宣召,他也未必肯来。"

一国之君,金口玉言,他们的话谁敢不听!无一呼百诺之尊,何以为君!怀王不仅要统治楚国,还要一统天下,故靳尚之言很使他寒心。他声色俱厉地问道:"爱卿此言何意?"

靳尚准备了许久,终于有了进谗的机会,他胸有成竹地说道:"《宪令》者,国之头号机密也。楚有成律,将其公之于世前,除了国君,制者不得将其内容泄露给任何人。身为左徒,屡屡制法之屈原,对此不会不知,况且大王曾再三叮嘱要严守机密,而今,《宪令》的内容我主未阅一字,却弄得家喻户晓、满城风雨,由此可见,屈左徒根本不将大王放在眼里,是可忍,孰不可忍!"

火被点起来了，怒被激起来了。靳尚躬腰屈膝立于一旁，俯首低眉，暗自窃笑，以观动静。

怀王火冒三丈，怒发冲冠。他满脸阴云，愤愤地自言自语道："屈原啊屈原，寡人自问待汝不薄，器重若山，寄予厚望，不料汝羽毛未丰，便视寡人若草木。汝纵有经天纬地之才、扭转乾坤之力，让寡人如何敢继续重用。"

怀王已到了气急败坏的程度，但靳尚却嫌火未旺，怒未盛，恨未深，于是进一步说道："大王有所不知，屈原早已将自己视为当今天下之圣人了。他曾不遗余力地诋毁大王，诬大王昏庸无能，无主见，耳根子软，贪恋酒色。大王命屈原拟法，每一法出，屈原必夸耀其功，言当今之楚，欲拟法，除他莫属。更有甚者，他竟贪天之功为己有，胡说什么无屈原，便无荆楚今日之强盛；无屈原，便无山东六国之合纵；无屈原，便无联兵伐秦之壮举。他还说，在列国事务中，一切均由他左右与摆布，大王不过是傀儡而已。臣在担心，长此以往，楚之黎民百姓，恐怕只知有屈左徒，而不知有大王矣！"

怀王再也听不下去了，堂堂大国之君，怎经得起如此沉重的打击！他只觉得头发蒙，眼发花，热血上涌，脑袋炸裂。他的身体仿佛沉重若铅，在一点点向下坠落，堕于万丈深渊，周围是无边无际的黑暗。他的一腔怨愤无处发泄，竟然污水似的一股脑泼向了靳尚："你这只报丧的乌鸦，在此聒噪不休，搅得寡人心烦意乱，再不离去，必唤猎者援弓射之！"

靳尚本欲一箭双雕，第一，向怀王敬献忠心，以博青睐；第二，谗害屈原，置变法改革于死地，结果却讨了个没趣。怀王骂他是只报丧的乌鸦，弄得他留也不好，走亦不是。正当进退维谷之际，飘然而至的郑袖打破了尴尬局面，救了靳尚。郑袖笑逐颜开，与宫内的气氛极不协调。她细腰若柳，扭来扭去；长袖似虹，飘舞生风。她半戏谑半认真地说："臣妾斗胆直陈，还望我主恕罪！"

"有话快说，莫要啰唆！"怀王怒气未息。

郑袖笑容可掬地说："妾之故乡有句俗话，叫作'捧着屁股亲嘴，不知香臭'，大王之举，有如此也……"

怀王怒斥道："君臣无戏言，休得放肆！"

怀王既怒，郑袖一改嬉皮笑脸之前态，忽而变得庄重典雅起来，向怀王深施一礼，道："本来嘛，上官大夫忠言进谏，将所知屈左徒刚愎自用、目无君王之举，言与大王，正确与否，大王理当斟酌裁处，何以要雷霆震怒呢？"郑袖是个乖巧玲珑、左右逢源的角儿，说着话锋陡转，"自然，大王之怒，非向上官大夫而发，皆因屈左徒妄自尊大之故也。尊敬的大王，臣妾之言对否？"怀王颇不耐烦地说："对与不对，皆出汝口，与寡人何干？"

郑袖趁怀王低头喝茶之机，给靳尚递了个眼色。靳尚心领神会，向怀王跪地磕头，赔礼请罪，然后以公务繁忙为由，拱手告退了。

宫室内只剩下怀王与郑袖两个人了，郑袖在靳尚进谗的基础上趁热打铁，大白天吹起了枕边之风。她充分发挥她的表演艺术天赋，喜则满面春风，怒则漫天乌云；笑则莺啭鹂鸣，哭则挥泪如雨。她说："屈原看似正人君子，实则好色之徒也。你看他的诗，除了风花雪月，便是兰蕙芷椒，堂堂男子汉大丈夫，为何要写这些？还不是要唤起女孩子的共鸣！"郑袖说，"当臣妾病卧床榻之际，屈原是何等的殷勤、何等的献媚，天天登门，日日诊治，嘘寒问暖，关怀备至。可是如今大王患病，他竟然既不探问，亦不助太医诊治，相形之下，用心岂不昭然若揭了吗？"郑袖解释说，因为屈左徒是大王所敬重、所依赖的人，当时自己虽从那眼神、从那切脉的力度、从那没完没了的谈话上，明显地觉察到了屈原心绪不端，颇有几分撩拨、挑逗之意，但却不好表示什么。郑袖这样说着，仿佛受到了莫大的侮辱，竟然失声痛哭起来。

怀王在跟随着郑袖那滔滔不绝的讲述回忆，但他比郑袖想得更多、更远、更深，思想感情的波涛更加汹涌跌宕，想起了屈原的文章《湘君》《湘夫人》的内容。然而，怀王毕竟是大国之君，他跟屈原不仅有着深厚的情意，而且从心底里尊崇他、敬重他，因而未向狭隘的夹道里想，任凭郑袖翻来覆去地讲了半天，他却不做声、不表态，甚至木然呆坐，不动任何声色。

虽然如此，怀王终究是人，而不是神。随着时光的流逝，他渐渐地对屈原由信赖到怀疑，到防范，到厌弃，到疏远，只是在眼前这种特殊的形势下，暂且还必须依靠屈原充分发挥其别人无法替代的作用，故而暂且维持着这种面和心不和的局面。

常言道，害人之心不可有，防人之心不可无。屈原正是这样对任何人都毫无防范的赤诚者，一心只在为国、为民、为天下。正当靳尚、郑袖一伙儿蠢蠢而动，一心欲置其于死地的时候，屈原却以耿耿丹心在四处奔波。他凭着自己的远见卓识和雄辩才华，力挽狂澜，迅速扭转了楚之被动局面。秦之君臣为了削弱屈原外交活动的影响，挽回自己的脸面，欲兴师伐齐。而为缔结抗秦新条约，也为了显示齐、楚亲密无间的兄弟情谊，齐宣王将于近期访楚。

▶ 蛇蝎美人

郑袖是一个自私、阴险、毒辣的女人。她是楚怀王的宠姬，开始他们还天天腻在一起，后来魏国为了讨好楚国，给楚怀王送来了一个美女，容貌压倒了郑袖，喜新厌旧的楚怀王从此专宠魏美人，不再理会郑袖了。

可郑袖却没有因此就放弃。她强忍心中对魏美人的嫉妒和痛恨，常常故作欢笑地挽着魏美人的手，陪她聊天、散步，时不时送她胭脂水粉，借给她香熏灯。郑国送的香云纱、陈国送来的奈良绸、齐国送来的翡翠簪（zān），郑袖总是挑好的给魏美人。只要能见着楚怀王，郑袖总是说魏美人的好话。魏美人也感觉不到郑袖的别有用心，还当郑袖是闺中密友呢。于是她也投桃报李，常在楚怀王面前为郑袖美言。楚怀王对郑袖非常满意，觉得她贤良淑德，把她树为后宫的楷模。

有一天，郑袖对魏美人说："妹妹，你真漂亮，难怪大王喜欢你了，但美中不足的是你的鼻子，真叫人惋惜呀。"魏美人不知何意，慌忙用手摸摸鼻子。郑袖接着说："妹妹呀，我帮你想个法子吧。以后你再看见大王，应该用什么东西将鼻子遮住，不要让大王看见，这样大王就更喜欢你了。"魏美人不知是计，还对郑袖的指教感激不尽。此后，魏美人每次拜见楚怀王，总是用一束鲜花遮住鼻子。时间久了，楚怀王对魏美人的做法觉得非常奇怪。郑袖故意在楚王面前欲言又止，激起了楚王的好奇心。最后，郑袖故意羞羞答答地说："大王不要生气，是魏美人不识抬举，大王对她如此宠爱，她却说大王身上有股臭味，她讨厌闻到。"楚怀王一听，火冒三丈，立即下令把魏美人的鼻子割掉。郑袖从此独占专宠。

郑袖不过是一名受楚怀王恩宠的妃子，对于朝廷的决策本没有说话的份。但是，她一直在为提高自己的地位和争取个人利益竭尽全力，甚至不惜丧失人格，使出毒招。楚怀王的昏庸以及对郑袖过分地包庇，也为她种种阴谋的得逞提供了机会。渐渐地，郑袖竟然成了楚国宫廷里一个地位特殊的女人！她可以左右楚怀王，可以颠倒黑白，可以伙同他人为所欲为，实际权力比朝廷重臣还要大。狭隘的心胸使她不能容忍别人与楚怀王接近，包括屈原。

可是，尽管眼下楚怀王被谗言包围，对屈原的信任已大不如前，但仍不时地委其以重任。这一切，都使郑袖对屈原极其嫉妒。更重要的是，郑袖知道自己自私无知，并且已做下了不少歹事，她非常担心正直的屈原在楚怀王面前揭露真相。由于郑袖心里有着这些想法，靳尚、子兰等人趁机大加唆使，让她成为攻击和陷害屈原的急先锋。

他们首先诬陷屈原惯于表功，处处显摆，觉得自己的才能远远超过楚怀王，是楚国的头号才子。在楚怀王面前，按着他们商量好的说法，郑袖、靳尚、子兰等人轮番地造谣说："如今宫廷里的大小官员甚至楚国的老百姓，都在说屈原的本领特别大，比大王您厉害多了。他们还认为没有大王不要紧，没有屈原可不行，因为没有了屈原，大王您就没法当朝。所以真正有权力的，绝对不是大王您，而是屈原！"

楚怀王这人刚愎自用，他一方面不可一世，觉得自己非常了不起；另一方面非常嫉恨别人的才华，绝对不允许有人说别人的才华在他之上。因此，他既少不了屈原，必须利用屈原的才华来处理一系列麻烦问题，同时又对屈原存有戒心，生怕屈原抢了自己的风头。郑袖的谗言，恰恰与他心里的戒备和担忧是一致的，他便立刻相信了。而一旦有了这种想法，楚怀王自然就非常排斥屈原了。

然后他们污蔑屈原以推行"美政"的名义，否定楚怀王的治国策略，与楚怀王对着干。靳尚和子兰多次来到楚怀王面前诉说，郑袖也日夜纠缠着楚怀王造谣。他们一遍遍地说，说得楚怀王耳根发麻。"屈原推行所谓的'美政'，比如主张选拔人才，废除贵族的特权，这不是想把楚国社会秩序搞乱吗？不是想让那些贵族与大王您对着干吗？屈原提出的什么保护民众、同情弱者，对老百姓要施行仁政，不是在污蔑大王您太残暴吗？这不是在煽动老百姓造反吗？屈原反对'争地以战，杀人盈野'，不同意您为了一小块土地、为了争一口气就出兵，不是在否定您的治国策略，想让别人来攻打我们，最后把楚国给灭了吗？说不定，屈原已暗中勾结了别的诸侯国，想要谋反！"

楚怀王一向得意于自己的治国策略，并认为自己是楚国历史上最伟大的国君。他认为，在自己的治理下，楚国社会秩序稳定，贵族、官吏和百姓都忠于自己，楚国在各诸侯国中也享有很高的威望，连秦国也派张仪来讨好他。至于出兵打仗，使得成批的楚国青年战死沙场，这是难免的事。不打仗，土地不可能由对方白送，我的威风如何显现出来；而一旦打起仗来，死一些人算得了什么……楚怀王左思右想，越来越觉得屈原的说法和做法没有道理。而且一个重臣，如果老是对国君说三道四，否定国君的治国策略和治国成就，实在太不像话了。靳尚、郑袖、子兰等人的造谣、诬陷让楚怀王对屈原彻底失望了，他认定屈原确实已成为自己的对立面，心里那种准备冷落、贬斥屈原的念头越发强烈。

他们还诬陷屈原干涉军事，误导将领，导致战事失利。屈原担任左徒期间，尽管不直接指挥军事，但主要职责是与国君议论国事、制定法令，并负责接待宾客，应付诸侯使节，对军事也有着一定的过问权。因此，屈原与楚国军队中的一些重要将领有较多交往，屈原的某些战略思想也得到了一些将领的采纳。靳尚、郑袖、子兰等人牢牢抓住这一点，在楚怀王面前恶意攻击："屈原算是什么人呢？他至多只是个文官，凭什么要与将领们厮混在一起，并借机干涉军事？他这是在破坏正常的军事指挥嘛！如果屈原没有在楚国军队出征前故意搅乱将领的思维，楚国军队会败得这样惨吗？那些骁勇的将领能被对方捉去吗？群雄争战、国家危难之时，竟敢如此大胆地扰乱战事，屈原应该对战败承担一定的责任！"

　　郑袖、靳尚、子兰之流罗织的这一条罪名，显然最为恶毒。当时的楚国，无论是上下官吏还是普通老百姓，都对楚国军队连遭失败表现出强烈的不满，他们希望朝廷特别是楚怀王拿出一个说法。事实上，楚国军队连遭失败，楚怀王自己负有主要责任，但他绝对不会承认。这样的情况下，就需要一个或者一些人来承担这一责任，充当替罪羊。如今，郑袖、靳尚、子兰等人已把屈原描绘成一个成心坏事、扰乱军队、破坏国家稳定的有罪之人，这不是正好吗？这样一想，楚怀王觉得郑袖、靳尚、子兰等人真是解了自己的围。

　　郑袖、靳尚、子兰等人早已摸透了楚怀王的脾气，他们的逸言就是吃准了楚怀王的心理而设计的。他们知道，只要在楚怀王面前反反复复地诽谤、造谣，卷着舌头胡说，即使空无实据，耳根极软的楚怀王也会相信的。

　　有一次夜深时分，疲乏的楚怀王卧在床榻上，工作了一天的他疲惫至极，心情也不是很好。郑袖又像平时一样，一边低眉垂眼，装出万般驯服的样子，一边则以貌似温柔的话语，百般诽谤起屈原来。郑袖还在喋喋不休地说着，楚怀王打断了她，摆了摆手说："就听你的吧，都听你们的，让屈原离开宫中。这样的话，我也可以清净很多……"

　　这就是屈原第一次被流放。这次他被流放到了汉北地区（汉水的上游）。此后屈原离开郢都，在汉北度过了五六年的时间。

名人名言·奋斗

1. 业精于勤而荒于嬉,行成于思而毁于随。
   　　　　　　　　　　　　——〔唐〕韩　愈
2. 人的大脑和肢体一样,多用则灵,不用则废。
   　　　　　　　　　　　　——茅以升
3. 拼着一切代价,奔你的前程。
   　　　　　　　　　　　　——[法]巴尔扎克
4. 当时间的主人,命运的主宰,灵魂的舵手。
   　　　　　　　　　　　　——[美]罗斯福
5. 停止奋斗,生命也就停止了。
   　　　　　　　　　　　　——[英]卡莱尔
6. 对真理和知识的追求并为之奋斗,是人的最高品质之一。
   　　　　　　　　　　　　——[美]爱因斯坦
7. 脚跟立定以后,你必须拿你的力量和技能,自己奋斗。
   　　　　　　　　　　　　——[英]萧伯纳
8. 如果你过分珍爱自己的羽毛,不使它受一点损伤,那么你将失去两只翅膀,永远不再能够凌空飞翔。
   　　　　　　　　　　　　——[英]雪　莱
9. 在这个并非尽善尽美的世界上,勤奋会得到报偿,而游手好闲则要受到惩罚。
   　　　　　　　　　　　　——[英]毛　姆
10. 无论头上是怎样的天空,我准备承受任何风暴。
    　　　　　　　　　　　　——[英]拜　伦

第三章

Qu Yuan
漂泊的灵魂

苏世独立，横而不流。

——〔战国〕屈 原

▶ 第一次被流放

屈原在汉北一带徘徊，苦心等待着怀王的觉悟。到汉北后不久，屈原作了《抽思》。"抽"，理出头绪的意思。"抽思"就是抒发情思的意思。屈原到汉北后，内心非常复杂、痛苦：

心郁郁之忧思兮，独永叹乎增伤。

思蹇产之不释兮，曼遭夜之方长。

（内心的忧思郁结回转，独自长叹更增伤感。解不开的愁思越缠越乱，沉沉的黑夜又如此漫漫。）

屈原一想到楚国统治集团的黑暗和腐败，一想到自己无端被排斥，禁不住愤怒至极，甚至有过离开楚国的念头：

愿摇起而横奔兮，览民尤以自镇。

（有时候我真想远走他乡，看到人民的苦难又压下了这个想法。）

热爱祖国、热爱人民的屈原不忍心离开楚国。他回想起了自受怀王重用而开启改革，但终因怀王信用逸佞而被疏远的过往：

昔君与我诚言兮，曰黄昏以为期。

羌中道而回畔兮，反既有此他志。

（过去你曾诚恳地告诉我，说要在黄昏时候与我见面。谁知你半路上反悔，反而又有了别的打算。）

屈原想找个适当的机会向楚怀王表白衷肠，但怀王装聋作哑听也不听。屈原明确表示自己之所以这么喜欢忠言直谏，是希望君王的美德能发扬光大。屈原虽然流浪汉北，但也是迫不得已，对国君、对故国始终充满着眷恋之情。

屈原在汉北的生活是极其孤独的，甚至常有流落异乡的感觉。他举目无亲，独往独来，也没有人能够将自己的衷肠上达君王，自己想表白苦衷又没人来听。

他几乎天天远望南山，思念故国而泪水横流，但一想到楚国的现实，又无奈地低下头对着河水叹息哀伤。

初夏之夜已经很短，但屈原却夜夜不寐、度日如年。即便有时睡着了，回郢都的梦一个接着一个而起，尽管回郢都的路那么遥远，可痴情的梦魂一夜之间就回去九次。

在写作完《抽思》后不久，屈原又完成了《思美人》的创作。"美人"，喻指楚怀王。"思美人"即是追述往事、思念楚怀王的意思。《思美人》所表现的眷眷恋国、恋君之情与《抽思》相同。本篇有"开春发岁"之语，当作于流浪汉北时的某年正月。屈原于字里行间重申了他思念君王、不能自达的哀怨和他不肯从俗变节的志向。

欲变节以从俗兮，愧易初而屈志。

独历年而离愍兮，羌凭心犹未化。

宁隐闵而寿考兮，何变易之可为！

（想从俗变、改变本心、委曲意志，内心里又感到惭愧，不愿这样做。因此多年来遭难受罪，心中的忧愤无法消除。宁可隐忍痛苦直到老死，哪能去做那些变节从俗之事呢？）

屈原内心里存在着坚持修洁与降身辱志两种不同思想：要么降身辱志，攀援群小；要么坚持修洁，依从前贤。思想斗争的结果是坚持自己的理想并且追求到底：

广遂前画兮，未改此度也。

命则处幽吾将罢兮，愿及白日之未暮也。

（还是要坚持自己以前的政治理想，这种态度决不改变。命运使我处在这幽暗、僻远之地而使我身心交瘁，我愿趁自己还年轻的时候有所作为。）

屈原流浪、徘徊汉北期间最重要的作品是《天问》。"天问"就是问天的意思。

屈原一生遭遇不幸，他一心为国，反而被逸受谤；正道直行，竭忠尽智，反而被排挤打击。他怀疑"天道"是否公平。

在《天问》中，屈原首先抨击了迷信的宇宙观，对宇宙混沌开辟、天体、地形构造、日月星辰的运行等传统见解表示怀疑：远古开始的情况，是谁把它传说下来的？天地还没有形成，根据什么来考察？白天黑夜未分、一片朦胧晦暗，谁能把它弄清楚？宇宙间充满混沌之气，这种无形之像，凭什么来辨认它？阴阳参合、化育万物，可是阴阳的本源是什么？它们为什么会变化？天有九重，是谁营造，又是谁计算的？这工程多么巨大，最初设计它的又是何人？等等。屈原对春秋战国时期流行的"盖天说"提出了责难。"盖天说"主张天是圆的，像一把张开的伞，地像方形的棋盘；天斜罩在地上，以北极星（北辰）为轴心旋转；四周有八根柱子支撑。屈原怀疑"盖天说"，既有他对现实社会忧愤的情感因素，也表现了他探索真理的精神。

第二部分所问的是古代史实，从人类始祖到治水的鲧、禹，从后羿的英雄事迹到夏、商、周三代的兴衰成败，等等，屈原几乎都一一做了质问。

这里涉及的四个主要人物是禹、羿、益、启。在我国古代传说中，禹与羿是两位伟大的人物。禹重建了大地，羿射下九日，他们拯救人类于水火之中，但两个人的遭遇却有天壤之别。虽然他们的个人品德相似，后羿强娶了河伯之妻洛嫔，禹则与涂山女相通，但两人所得到的结果却不一样：禹的儿孙繁衍昌隆，而羿却被人消灭。屈原不仅对传说非常怀疑，而且对天帝是否公平也持怀疑态度。益是受天命到人间辅佐大禹的，可却被人间的启略施小技——送给天帝美女而取代了。

屈原传

由此也可看出天命很不可靠。

天命是反复无常的,它到底惩罚什么、保佑什么呢?

齐桓公曾经九次召集诸侯会盟,可是到头来还是被困身死!殷纣王这个独夫,是谁使他昏乱迷惑的?他为什么憎恶忠直辅佐之臣,而信用谗谀小人?比干有什么不顺从纣王的事情,而遭到压制埋没?为什么圣人的品德相同,而他们的结局却不一样:梅伯被剁成了肉酱,箕子却装疯卖傻?……

这一连串的问题在屈原的心目中早就有明确的答案了:

后辛(指纣王)之菹醢兮,殷宗用而不长。

夫孰非义而可用兮,孰非善而可服!

(殷纣王残害忠良、滥杀无辜,使殷朝的天下不能长久。哪一个正义的人能够得到任用,哪一件善事能够施行于天下呢?)

屈原之所以这样问,乃是由于对黑暗现实的激愤:时世混浊,统治者近谗弃贤、是非不分、赏罚不明。黄钟毁弃,瓦釜雷鸣;谗人高张,贤士无名。他借历史影射现实,表现了尖锐的批判精神和进步的历史观、政治观。

《天问》的最后一部分归结到了楚国的社会现实中:

楚国好似处在风雨如晦的时刻,结局令人担忧!它的威严既不能保持,祈求上天又有什么用?我身居草莽、隐伏山洞,对国事还有什么可说?楚国动辄兴兵打仗,国势衰微,国运哪能长久?昔年吴王阖庐和楚国相争,攻入郢都,战胜了我们。假如君王能够悔悟,吸取教训,进行改革,我还有什么话可说的?……

屈原对楚国的政治形势极其担忧,生怕楚怀王荒淫误国,重蹈楚昭王时被吴攻破郢都的覆辙,所以急切期望怀王觉悟、改过自新、革新朝政,扭转楚国在割据战争中的被动局面。

《天问》保存了丰富的神话、传说和历史的资料,更重要的是它渗透着屈原的政治见解,也反映了他大胆的怀疑精神和强烈的爱国主义态度,是极富于现实性的奇文。

在形式上，《天问》已经完全摆脱了《诗经》四字句的束缚而创制了新的体式，从艺术形式上说是对《诗经》的突破性发展。

《天问》是我国古代诗歌百花园中的一朵奇葩，表达了作者屈原朴素的唯物主义观点、抗争现实的精神和明确的政治主张。《天问》的内容涉及了大量历史传说、神话故事和天文、地理等自然现象，并以此为背景，一口气提出了一百多个问题，每一个问题都有屈原深刻的用意。表面上，屈原是在向苍天发问，想让苍天解答他的疑问；其实，他是在对现实社会发出声声质问，对社会诸多不平事情发出阵阵感叹，他所质问的真正对象是国君，是那些操纵着这个社会、这个国家的当朝者。

《天问》的层次秩序似乎显得凌乱，存在着时序颠倒等问题，但它的结构形式在中国古代诗歌史上是独一无二的，问答的形式与内容也非常贴切，完美地体现了屈原鲜明的思想倾向和感情色彩。事实上，从我国西南少数民族的古老叙事民歌里，可以发现这种问答式的歌吟形式。部分流传至今的苗、白、彝等民族的史诗中，也都采用了这种问答式，其内容和形式都与《天问》有着相似之处，这说明屈原在创作《天问》时，借鉴了中国南方的古民歌。与屈原别的诗篇一样，《天问》始终植根于楚国民间文化和艺术的沃土。

与《离骚》相比，《天问》处处闪耀着浪漫主义的光彩，其神话故事的缤纷旖旎超过了前者。它不再对国君、对社会抱有更多的希望，更多的是一种批判、一番谴责、一腔愤懑。不错，此时的楚国还剩多少富国强兵、叱咤天下的希望呢？它早已是苟延残喘，随时都有可能被秦国灭掉。因此，我们可以说，《天问》是一部抒忧愤之情、表抗世之心的诗篇，是一部诗人敢于抛弃幻想、质疑现实、追索终极真理的旷世奇作。正因为此，在屈原的诗作中，在中国古典诗歌史上，《天问》具有极其重要的地位。

▶ 仰天长叹作《离骚》

变法失败、官职降低、出使受讥，连见楚怀王也越来越难了……遇到这一连串的不顺，屈原常常睡不好吃不香，整天整夜地待在屋子里叹息。

在郢都，屈原长时间把自己关在屋里，陷入沉思。他一遍遍地问自己：是不是我对楚怀王不够忠诚？是不是我对楚国大地爱得不深？他想来想去，怎么也弄不清究竟在哪里犯了错。

那一天，好不容易下了决心的屈原，终于准备最后一次求见楚怀王，好好地说一说。楚怀王先以国务繁忙为由，几次推迟与屈原见面的时间。到后来，实在没法再推迟了，只好让屈原入殿相见。可是，屈原刚刚说了几句有关邵滑之流行为卑劣的话，楚怀王就一挥手，坚决地打断了他："不要说了！"

屈原只好从楚怀王那儿退出来，默默地回去了。他一会儿仰天长叹，一会儿又捧着脑袋痛心疾首。是的，当年自己与楚怀王一起畅论国家大事，是何等畅快！而现在呢？这是非颠倒的一切实在让屈原不敢相信。屈原明白，自己曾经在楚怀王的身上寄托了莫大的希望，可如今楚怀王听信谗言，抛弃了自己，自己的处境将会非常艰难！

屈原是个诗人，他把满腔的郁愤，所有的愁绪、忧虑、失落和希望统统宣泄在了字里行间，为后人留下了《离骚》这篇旷世巨作！

《离骚》是一篇回肠荡气的长诗，它全面地反映了屈原的思想感情和精神面貌。在诗的前一部分，屈原回顾了自己殚思竭虑、变法图强、改革朝政的历程，后一部分则写了遭谗被疏后内心产生的种种矛盾以及誓死殉于理想、殉于祖国的决心。诗中对楚国腐朽贵族颠倒是非、嫉贤妒能的黑暗统治和误国行为做了尖锐抨击，也倾吐了他赤诚的爱国信念和救国无门的极端痛苦和忧伤。全诗情感起伏强烈，震撼人心。

开篇屈原首先自叙世系、祖考（考：原指父亲，后多指已死的父亲，如先考、如丧考妣）、诞生和命名。

帝高阳之苗裔兮，朕皇考曰伯庸。
摄提贞于孟陬兮，惟庚寅吾以降。
皇览揆余初度兮，肇锡余以嘉名。
名余曰正则兮，字余曰灵均。

屈原以极其庄重的口吻，叙述了自己的家世，述说自己高贵的出身：自己是高阳帝的后代，与楚王本属同宗之亲。自己的生辰也与人不同，恰好是寅年寅日庚寅日。高贵的出身、特别的生辰，加上父亲赐给他的美名，使他充满了自信。作为楚国王室的宗亲，他对楚国的存亡负有义不容辞的责任。而他父亲伯庸给他的命名正是屈原一生坚持遵守的信条："正则"是公正而有原则；"灵均"是灵善而能均一。

接下去诗人表白了自己的品德、才能和理想以及自己献身君、国的愿望：时光过得飞快，我好像总是赶不上似的，怕是年岁不等人。我早晨到山上拔木兰，黄昏还在水边采集宿莽。时光匆匆而过，毫不停留；春去秋来，季节不断更替。想黄叶在西风里片片飘零，恐怕美人也将逐渐衰老。趁着壮盛之年赶紧摈弃恶德，去改变那不好的做法。如果你打算骑上骏马驰骋，那么来吧，我来给你引路！

屈原忧虑的是楚国的前途，他的理想是使楚国富强，帮助楚王做一个中兴之主。屈原并不害怕自身遭到灾祸，他担心的是君王之车的倾覆（喻国家灭亡）。他在皇舆（皇舆：国君所乘的高大车子，后来多借指王朝或国君。舆，本指车中装载东西的部分，后泛指车，如舆马、肩舆）前后奔走效力，希望辅佐楚王把楚国治理好，能够赶上先王的功绩。

但是屈原的理想以及报国的忠贞之心不但得不到理解，反而因触犯了守旧派贵族的利益而遭到打击、排挤，而怀王昏聩糊涂，一味听信谗言，更使他伤心、难过。

围绕在怀王周围的那群小人嫉妒他的美德，造谣污蔑说他是淫荡的人。更使屈原感到悲哀的是，他为实现美政理想而苦心培养的人才也纷纷变节，成为保守派贵族阵营中的人物。屈原被疏远、罢免，尽管他遭受了这么严酷的打击，但是他也从来没有想到过妥协，相反，他对理想的追求更为坚定、执着。

《离骚》的后半部分是描写屈原在遭到放逐后对自己人生道路的重新思考、探索。在这部分中，屈原充分展示了自己复杂的内心冲突，在对自己人生道路的重新选择中，进一步表白了自己坚持理想、忠于祖国的心迹。

《离骚》这首激情澎湃、规模宏伟的政治抒情诗，始终贯穿着屈原无比深厚的爱国主义思想感情。为挽救祖国于危亡，使楚国重新振兴起来，他同楚国腐朽的贵族统治集团进行了坚决、顽强的斗争，同时在自己身受打击、陷于困境的时候，仍然积极追求自己的人生理想，仍然积极探索救国救民之道。这种顽强奋斗与求索的精神具体表现在诗篇中，有力而深刻地表达了爱国主义主题。

▶ 再访齐国

屈原第一次出使齐国之后，楚国日益削弱，并且再次投入了秦国的怀抱。目睹庞大的楚国屡战屡败，始终在旁观战的韩、魏等国手脚也发痒了，他们纷纷集合兵力南下，趁火打劫，偷袭楚国空虚的后方，并一直打到邓州（今河南省邓州市）附近。楚国军队听说韩、魏两国正在偷袭楚地的后方，才慌忙把准备再次攻秦的军队撤回。

烛火幽暗的深宫里，黯然神伤的楚怀王呆呆地坐着。他确实应该好好想一想自己究竟输在哪里了。或许，他已觉察到屈原的一片挚诚和所受的委屈了。其实，楚怀王还是挺欣赏屈原的政治才能和文学造诣的，毕竟早年他们相处得非常和谐，更何况屈原从未为自己谋取什么利益，只是一心希望楚国振兴。楚怀王越想越感慨，重新起用屈原的念头越来越强烈。让屈原继续活跃在政治舞台，处理棘手事件，这样才能解决目前最迫切的问题！

深夜，门庭冷落的屈原官邸，大门忽然又被官员拍响。在苦闷中夜读的屈原被惊醒，匆匆合上了卷册。屈原从烛光中抬起头来，看见了官员脸上的微笑，看见了官员手中的那册诏文，心里马上预感到了什么。

官员已在大声地向屈原宣读楚怀王的诏文。屈原认真听着，心情却十分复杂。楚怀王就是这样，每当局势危急，需要某人出场救急时，就会想到屈原；而每当听到别有用心者的谎言和逸言，楚怀王又会马上变得黑白不辨、是非颠倒。屈原不停地默念着，

 屈原传

但愿这一回，楚怀王不会再任意改变自己的决断。

此时的屈原，职务仍然是三闾大夫，但战事吃紧，他已不能常去鄢陵的宗社主持宗教活动，也没有时间再在兰台培养教育王族三姓的人才。他基本上处在被搁置一旁、无人关心的境地，无法再为楚国和楚国人民做些什么。就是在这样的情况下，接到楚怀王的诏文，屈原仍十分激动，甚至又有点感激把重任交给自己的楚怀王。诏文还没有宣读完，屈原已经激动得浑身颤抖。

楚怀王十八年（公元前311年），被楚怀王重新起用的屈原第二次出使齐国，去修补楚、齐两国已被破坏得如同烂渔网般的外交关系，领回当人质的太子。屈原几乎是毫不犹豫地走上了重赴齐国之路。

屈原再一次出使齐国，楚国再次打算与齐国结盟的消息传到了秦国，秦王又恐慌起来。在前几场交战中，尽管楚国伤亡颇大，实力受损，但还没有到濒临灭亡的程度。齐、楚两国虽在张仪等人的挑拨离间下变得互相猜忌，但很多谋臣策士在齐宣王面前游说，让齐国提防着强秦。所以齐、楚两国再度结盟还是有着极大的可能性。更何况，这一回出使齐国的仍是"博闻强志、明于治乱、娴于辞令"的屈原。

秦王和他的谋臣策士们马上集合在一起开始商量对策，立即反扑。

就这样，屈原还在奔赴齐国的路上，秦国准备向楚国求和的消息就已传到了楚国宫廷内。没过多久，秦国派往楚国的使节果然已在恳求拜见楚怀王了，这把缺少主意的楚怀王搞得又乱了章法。

而屈原第二次出使齐国，他以真诚再次打动了齐国，齐国又有了与楚国结盟的打算。

然而，屈原根本没想到，自己的努力其实早已白费。昏庸的楚怀王被张仪牵住了鼻子，已决定与秦国结盟。而靳尚、郑袖、

子兰等人又趁机在楚怀王面前大造谣言,恶意诋毁屈原,把屈原说成是一个充满野心、不懂谋略、心胸狭隘的小人,而楚怀王竟也昏庸地相信了。满载出使成果回来的屈原,注定将遇上一连串的不公和冤屈。

屈原一回到楚国,就听说张仪刚刚抬脚离去,便急忙去打听张仪在楚国干了哪些勾当。大致了解之后,屈原怒不可遏,心急如焚。他十分清楚张仪对于楚国的危害,便以最快速度求见楚怀王。

在楚怀王面前,屈原详细地说出了他最想说的话,尤其指出张仪已犯下的不可饶恕的罪孽。屈原的力谏终于使楚怀王从昏梦中有所苏醒,屈原对时局的中肯分析也让楚怀王渐渐明白自己做下了错事,他有些后悔了。

楚怀王随即下令,派兵士前去追杀张仪。可从空气中嗅出了不祥气息的张仪早已撒腿狂奔,等到追杀他的楚国兵士追到楚国的边境时,张仪早就逃远。

消息传来,屈原不由得怅然叹息:"此人不除,实在是后患无穷啊!"

楚怀王听取屈原的进谏,派兵士追杀张仪一事,让靳尚、子兰、郑袖等人大为震惊,这说明楚怀王已经识破了张仪的真面目,同时也让他们这一群人的真面目露了相。特别是靳尚,他内心十分紧张:我可是拿了张仪不少好处呀!如今真相大白,大王会不会惩罚我?

靳尚、子兰、郑袖等人便又匆匆合谋,一致认定屈原正是让他们陷入难堪的人。那么,趁还没有遭受到楚怀王的惩罚,就抢先一步行动吧。

楚国与秦国结成同盟的消息传到各诸侯国,各国十分恼恨。他们拿秦国一时间还没有办法,但联合起来对付实力正在衰落的楚国还是绰绰有余的。就在这一年,即楚怀王十八年(公元前311年),当楚国兴奋地获得秦国"恩赐"的那一小块"汉中之半"的土地后，韩、魏等诸侯国集中兵力，一起攻向了楚国，把楚国的军队打得落花流水。

在楚国腹背受敌、被动挨打之时，秦国却一直袖手旁观，根本不管楚军的死活。人人都可从此看出秦国包藏的祸心了。

屈原实在忍不住了，几次主动向楚怀王建议，说明不能与秦国结盟的种种理由。即使楚怀王不愿听下去，屈原也坚持一遍又一遍地力谏。经过屈原的努力，楚怀王才略有醒悟，但他的醒悟也主要是在要不要杀张仪的问题上，而究竟要不要与秦国结盟，他的心里还是一笔糊涂账。

与此同时，靳尚、子兰、郑袖等人加紧了对屈原的造谣中伤。他们凭着人多势众，也凭着他们极高的社会地位，一心要把屈原置于死地。值得注意的是，尽管张仪已经离开了楚国，但他在楚国期间，以贿赂手段笼络了楚国的许多贵族高官，并在无意中让这些贵族高官们结成了同伙。在对付屈原这一问题上，这些贵族高官和亲秦派的态度、做法惊人地一致：一方面，他们继续在楚怀王面前编造与秦国结盟的好处；另一方面，继续把屈原描绘成一个充满野心、不懂谋略、心胸狭隘的小人。

于是，楚怀王，这个中国历史上的著名昏君，对屈原的看法又改变了。

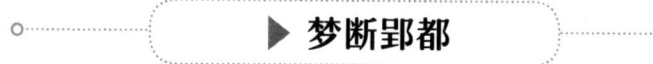

梦断郢都

结束了长达六七年的放逐，屈原重新回到宫内。想不到眼下的楚国竟已落到如此孤独、尴尬的境地，言而无信、背信弃义成了各诸侯国对楚国的一致看法。不错，屈原从汉北回到宫内的当口,正是风云变幻、时局对于楚国极其不利的关键时刻。宫中那群小人又开始诽谤、中伤屈原,昏庸的楚怀王言行越发荒唐。但热爱着这片土地、担忧这片土地命运的屈原没有太多地顾及自己的利益,而是很快以全部的热情,投入到为国出力、为民效劳的事务中了,对楚怀王的种种不满只能暂时放在一边。

从汉北回来之后,屈原依然担任三闾大夫一职,只不过在宫中小人的排挤下,他的权力在继续萎缩。此时的屈原早已不计较自己的头衔了,甚至无心为宫廷中的这伙小人耗费精神。他知道自己已年过半百,精力有限,与那伙小人反复纠缠,实在有害无益。然而,除了郑袖、靳尚等人,楚怀王的几个儿子,特别是太子横和子兰,越来越不愿放过屈原,他们不能容忍楚国宫廷里存在着屈原这粒硌他们眼睛的沙子。

身为三闾大夫的屈原,曾主动向楚怀王请愿,说自己愿意像以前那样,以使节的身份去诸侯各国活动,以友善和真诚来改变他们对楚国的不信任。为了避免误解,屈原还反复声明自己别无所图,只想为楚怀王效力,为重振楚国雄风而奔走。是的,当一个国家已处在孤立无援的境地,又正遭受强敌压境时,它的末日还会远吗?那些只知道追求个人利益的亲秦派是不会在紧要关头挺身而出的。

屈原说得非常恳切,连他自己都流下了行行热泪。遗憾的是,对于屈原的一腔真诚,楚怀王无动于衷,他甚至还没有听完屈原的请求,就不耐烦地挥了挥手。屈原伤感地背过身去,默默地离开了。不祥的预感早已笼罩在了他的心头。

楚怀王三十年(公元前299年),楚国的时局出现了一个更大的变故。

这一年,秦国的军队如潮水般涌来,接连夺去楚国的八座城池,楚国上下人心惶惶。其实,在强大的秦国越来越不屑于楚国的军事实力之后,这样蛮横的夺城行动已经司空见惯。除此之外,

屈原传

便是猫捉老鼠般的戏弄，一会儿与楚和好，一会儿与楚交恶，一切都显得随心所欲。

本来在楚怀王二十八年（公元前301年）和二十九年（公元前300年），楚国就连续遭受了好几次重创：大将庄蹻（qiāo）在楚国西南方向的属地滇中独立称王，脱离了楚国，楚国的军事实力由此大减；秦国军队进攻楚国，楚军大败，兵力再次折损；面对越发凶猛的秦国军队，楚怀王硬着头皮再次向齐国求援，在没有得到明确支援的情况下，只得又出了下策，"乃使太子为质于齐以求援"，即送出太子作为人质，来求得齐国的援兵。就这样，太子横到齐国成为人质……

在越来越严峻的局势下，楚怀王实在无能为力了，屈原的地位又一次被重新确认。虽然职务仍然只是三闾大夫，但"博闻强志、明于治乱、娴于辞令"的才能得到了楚怀王的再次肯定，"入则与王图议国事，出则接遇宾客"的作用得到了一定程度的发挥。宫中小人们自然恨得咬牙切齿，但一时也没有办法。

楚怀王三十年（公元前299年），秦国以归还新城（今河南省伊川县西）为诱饵，提议与楚国重新和好，结为王室婚姻关系。同时，秦国还提出与楚怀王在秦国的武关会面，商讨结盟事宜。

没有主张的楚怀王又忙碌开了，准备听从秦国的建议，前往秦国的武关。然而，对眼前局势和秦国动机了如指掌的屈原，立刻识破了其中的阴谋。屈原当即劝阻楚怀王，竭力请求他不要前往。他大声地说："秦国是一个比虎狼还要凶狠的国家，不可轻信，大王您不如不去！"屈原的劝阻得到了不少忠臣的支持。

然而，此时的楚怀王内心是十分矛盾的，毕竟，楚国吃秦国的苦已经够多了。如果去了，恐怕要被秦国欺侮；不去的话，又恐怕秦国不高兴。听了屈原的劝说，楚怀王便停止了出发前的准备，冥思苦想着，内心十分犹豫。

没料想，就在这个关键时刻，子兰却跳出来，反而劝楚怀王

前往武关赴约，与秦昭王会面。子兰冲着楚怀王大叫道："大王，您怎么可以拒绝秦国的美意呢？"

犹豫中的楚怀王刚想放弃武关之约，但被子兰这一撺掇，又变得没有主意了。

"奈何绝秦欢"，这便是子兰最充足的理由。他的言下之意是，秦国的欢心万万不可断绝，而为了能够获得秦国的欢心，即使把楚怀王献出去，也是应该的，否则，后果不堪设想。

对于这种过于讨好秦国的行为，屈原自然不敢苟同。他忍不住反问子兰："不要激怒秦国，这没错，可怎么能让我们的君王冒这天大的风险呢？这不是往虎狼的嘴里送上一只羔羊吗？"

子兰马上反驳，屈原也不甘示弱。因为对楚怀王是否赴武关之约的看法不同，屈原与子兰之间的矛盾急剧加深。还在屈原一边与子兰争论，一边劝阻楚怀王之时，楚怀王却已决定动身前往武关了。面对强大的秦国，面对秦国貌似友好的邀请，楚怀王实在不敢拒绝。

听了楚怀王的决定，子兰兴奋而得意。

临行那天，屈原又进行了劝谏。屈原说："大王，为了楚国的前途和命运，您千万不能赴约，此行若有差错，将危及社稷。"怀王虽又有些犹豫，但是经不住子兰等在旁边再三催促，终于还是挥挥手，令扈从们起驾，朝着武关而去了。

夜色中，王宫大门口，满怀沉重和忧虑的屈原目送着楚怀王及其随从乘着马车，驶出宫门，消失在一片苍茫之中。已经五十四岁的屈原不由得老泪纵横，他觉得自己未能尽到忠君护君的应有之责，他觉得自己总是那么势单力薄。

尽管屈原早已预感到楚怀王此次前往武关凶多吉少，可他却无论如何也没想到来到秦国的楚怀王竟会遭受如此之大的屈辱和磨难，直至命丧异乡！

秦昭王根本没有与楚怀王会见的诚心。楚怀王一进武关，秦昭王就命令伏兵封住关门，胁迫楚怀王到了秦都咸阳，要楚怀王割让黔中郡。楚怀王无可奈何，要求先订立盟约然后再割地，但秦昭王坚持先割地而后订立盟约。楚怀王这时才彻底明白自己又上了秦国的当，他十分气愤地说："秦国提出与楚国盟约友好，我楚国也诚心诚意希望两国永不交兵，故此不远千里而来，没想到秦王又耍花招欺骗我们，这哪里是要结盟，分明是坑害我楚国。我悔不听屈大夫之言，以致又上了你们的当。你们欺骗我又强迫我割地，我死也不答应。"

楚怀王还没有喊完，就被秦王宫里的官员拖走了。

由于楚怀王坚决不肯答应秦昭王的无理要求，秦国竟将其强行扣留下来，想以此造成楚国内乱，再寻找机会攻打楚国。

楚怀王被秦国扣留的消息传到楚国，宫廷上下一片慌乱。

重臣们聚在一起商量对策。有人提出，一国之主被秦国扣留，一时无法归来，说不定割了土地都不能解围，国家可不能没有国君呀，应该马上想办法。可是现在，楚怀王被扣在秦国，楚怀王的长子横又被作为人质留在了齐国，所以当前最重要的事情，是马上把还在楚国国内的公子子兰立为国君，来对抗强大的秦国！这个提议很快得到了宫中大多数人的赞同。毕竟，楚怀王久久不归，宫中乱成一团，国内的局势也已开始动荡。

但是，以屈原为代表的这一派坚决反对这样的提议。屈原说："你们得知道，大王不过是被扣留了，他还活着。连敌国都还没有废黜我们的一国之主，我们怎么可以把大王给废黜了呢？子兰并非长子，要立新国王，也应该立太子横！"

在屈原等人的阻止下，立子兰为王的提议不得不搁置了。

子兰当然十分清楚屈原的态度，这个自私浅薄的公子，由此更对屈原怀有一腔仇恨。

后来楚国使者到了齐国，和齐国进行了谈判，终于将太子横迎回楚国，立为楚王，是为顷襄王。

顷襄王是个花花公子，没有政治头脑，也没有治理国家的才能，比他的父亲怀王还要平庸无能。他上台后更是贤愚不分、忠奸不辨，听信子兰、上官大夫等人的谗言，免了具有治国才能的令尹，而让他的弟弟、卑鄙无耻的小人子兰继任。兄弟两人一个是昏君，一个是佞臣，把持着朝政，楚国政治更加黑暗。正直的屈原更无出头之日了。

楚怀王听信小人谗言，在改革朝政与亲齐抗秦的政策上反复变化，再加上小人的嫉贤妒能，已使楚国日益走向衰落，而如今怀王又被秦国骗去软禁在咸阳，顷襄王和令尹子兰不仅平庸无能，而且专横跋扈。屈原感叹原本强盛的楚国如今几乎到了山穷水尽的地步，心中悲愤不已。

顷襄王二年（公元前297年），被软禁在秦国的楚怀王从秦国逃了出来，可是秦国很快发觉了，立即派兵封锁了回楚的必经之路。楚怀王从小道跑到赵国，求其收纳，但赵国害怕秦国兴师问罪，不敢答应。楚怀王想再转到魏国，但不幸的是秦国的追兵赶到了。楚怀王又被带回了秦国，不久，楚怀王忧惧成疾。

楚怀王被扣留在秦国的那段时间里，屈原每天每夜都在盼望他的归来。他想，如果能让自己代替楚怀王滞留异乡，自己一万个心甘情愿！当初屈原竭力反对立子兰为国君，理由是子兰并不是楚怀王的长子。其实，在屈原的内心深处，他同样反对立太子横为国君。"你们得知道，大王不过是被扣留了，他还活着，连敌国都还没有废黜我们的一国之主，而我们怎么可以把大王给废黜了呢？"不善于转弯抹角的屈原一向说真话，但这一番真话引起了子兰、太子横的极度痛恨。在如何对待屈原这一问题上，子兰、太子横的态度惊人地一致。如同他们并不希望楚怀王重新归来一样，他们更希望越发苍老的屈原从楚国宫廷中完全消失。

楚顷襄王三年（公元前296年），患上重病的楚怀王终于抑郁交加，客死秦国。秦国在各诸侯国的指责声中将楚怀王的灵柩归

 屈原传

还给了楚国，在楚国引起了极大反响。广大民众虽然对怀王当政时的所作所为不满，但还是为他被骗入秦以后的表现所感动，毕竟他拒绝了秦国割地的要挟，表现出了强烈的爱国精神。他在秦国忍辱而死，激起了人们对他的同情和哀思，也唤起了他们对楚国命运的担忧，并燃起了人们强烈的复仇火焰。

尽管楚怀王在位时昏庸糊涂，可毕竟是一国之主，也为楚国做了不少有益的事。在郢都，在楚怀王的葬礼隆重举行的那一天，楚国人民像失去自己的亲人那样悲伤欲绝。诸侯各国在伤感之余，也都对秦国增添了莫大的憎恨。是啊，诸侯国之间互相争战已是常事，可极无人道地把一国之主长期扣留，直到死去，可是从未有过的事！

在得知楚怀王病死秦国，亲眼看见遗体被送还，直至参加隆重葬礼的全过程中，屈原的悲伤难以用语言来表达。在与楚怀王相处的时间里，虽然楚怀王常常听信谗言，听任郑袖、靳尚、子兰等人对屈原进行人身迫害，但在屈原看来，这都只是因为楚怀王的糊涂，而并非出于私心。每当楚怀王头脑清醒的时候，他总会恢复屈原的职位，重新召回屈原。楚怀王这样做，表明了他的心里始终有楚国，为了维护楚国稳定，维护他的统治，他会一次次地首先想到屈原。对于这一点，屈原心里十分清楚。是啊，两个人之间的关系，除了君臣这一层之外，还有着一丝若隐若现的兄弟情谊。可以说，在屈原的生活中，楚怀王一直是他最大的依靠。

人们在哀伤、痛悼怀王之死的同时，自然怨恨硬劝怀王入秦盟约的子兰等人，纷纷指责子兰用心不良，误国害民，同时对极力拦阻怀王入秦的屈原等人倍加称赞，纷纷称赞他们忠肝义胆、有政治远见，为他们被疏、被黜鸣不平，也期待着新上任的顷襄王明察是非，重用屈原，励精图治，振兴楚国。顷襄王虽迫于公愤，也由于父仇，断绝了与秦国的关系，但他并没有发愤图强，

中国历史上第一位伟大的爱国诗人

报仇雪耻，反而更加忠奸不分、是非不明，根本不打算任用忠诚正直的屈原。子兰遭到国人反对，而屈原却深受民众爱戴，这本身就使子兰十分嫉恨，屈原还当众指责他的所作所为，他甚至怀疑广大民众怨恨、指责他是屈原鼓动的结果，因此非常讨厌屈原。他唆使上官大夫在顷襄王面前竭力诋毁屈原。结果顷襄王听信谗言，免去屈原三闾大夫的职位，将他驱逐出郢都，流放到南方寂寥的荒野。

▶ 第二次被流放

又是暴雨之夜，天亮了，暴雨却毫无减弱的趋势。"天亮前必须离开郢都"，这是对屈原的最后通牒。最后的时刻到了，圣命难违，他必须出门远行了。

当仆夫拉开街门的一刹那，屈原被眼前的情景惊呆了——暴风雨中伫立着数千人，有男有女，有老有少，有缙绅（缙绅：称有官职的或做过官的人。缙，赤色的帛）大夫，有布衣平民，有的箪食壶浆，有的秉烛焚香，有的痛哭流涕，有的呼天号地，更有的一步一叩首。见大门洞开，形容憔悴的屈原跨出门槛，数千人一齐跪倒在泥水里，并且千万人异口同声、悲壮地唱道：

"悲兮，悲！……
老天悲兮响惊雷，
大雨滂沱云低垂。
大江悲兮浪涛飞，
前浪奔腾后浪追。
鬼神悲兮阴风吹，

 屈原传

摧枯拉朽荡污秽。
苍生悲兮处处泪，
肝肠寸断魂魄飞。"

屈原见状，感动得热泪纵横，急忙抱拳施礼道："列位父老乡亲快快请起，如此深情厚谊，我屈原真是担当不起！"

尽管如此，送行者依然长跪不起。屈原无奈，也向众人跪倒，垂泪不止。少顷，有一老者奔向前来，先劝众人起身，然后躬身双手将屈原搀扶起来。

广场上一片呜咽，一片抽泣，这悲怆的哀痛之声盖过了暴风骤雨，盖过了万钧雷霆……

一位箪食壶浆的瞎婆子来至老者面前，将酒壶和酒杯递给他。老者斟了满满一大杯米酒，双手捧着献给屈原，情深意切地说道："三闾大夫呀，百姓敬您水酒一杯！"

屈原接杯在手，举过头顶，泪似泉涌，一字一句地吟道：

"千般情万般意兮尽在此杯，
恰似那琼浆玉液兮润心扉。"

吟罢，他面向众人，感情真挚地说道："列位父老乡亲，我等炎黄后裔，一脉相承，勤劳繁栖。纵然是江山易主、朝代更替，依然是百折不挠、自强不息，这全靠那高山河海、苍天大地的无私养育，屈原愿以此酒来祭。"

众人异口同声地说道："愿与三闾大夫同祭！"

屈原双手擎杯，虔诚而恭敬地泼酒于地道："这第一杯酒祭苍天！"接着吟道：

"天若有灵兮明是非，
千钧霹雳兮惩奸贼！"

众人跟着一齐高声吟诵。

老者又递上一杯酒，屈原照样泼酒于地道："第二杯酒祭大地！"接着吟道：

"地若有情兮育百姓,
年年丰熟兮稻粱肥!"

屈原第三次泼酒在地说:"这第三杯酒祭高山!"接着吟道:

"山若有知兮草木盛,
虎踞龙盘兮显神威!"

屈原最后一次洒酒祭奠说:"这第四杯酒祭大海!"吟道:

"海若有意兮常呼啸,
当鉴民心兮不可摧!"

吟罢,屈原向众人深施一礼说:"列位父老乡亲,请接受屈原临行一拜!"

拜过之后,热泪模糊了屈原的视线,他正欲登车起程,老者不顾一切地扑了过来,声嘶力竭地质问道:"忠臣贤良为何无好报?奸臣贼子为何福齐天?世事为何不公平?我捶胸顿足,问罢大地问苍天!"

老者的话音未落,刹那间天低云暗,其黑如漆,人们相对而立,难辨眉高眼低。雪亮耀眼的闪电蜿蜒即逝,惊雷在人群中炸响,大雨如注,顿时沟满壕平,水深没膝。人们或低声抽泣,或大放悲声,用滔滔泪水送屈原上路远行……

马车出了郢都的东门,两匹马懂事似的放慢了脚步,最后竟渐渐停了下来。伤心已极的屈原热泪纵横,湿透了衣衫。雨虽说比先前小了许多,但仍淅淅沥沥地下个不停,如幕似帘,漫天乌云笼罩着悲泣的郢都。原野里传来了断断续续哀怨的歌声,屈原侧耳细听,正是自己修改过的《国殇》:

……
天时坠兮威灵怒,
严杀尽兮弃原野。
出不入兮往不反,
平原忽兮路超远。

屈原传

带长剑兮挟秦弓,
首身离兮心不惩。
诚既勇兮又以武,
终刚强兮不可凌。
身既死兮神以灵,
魂魄毅兮为鬼雄。

(直杀得天昏地暗,神灵震怒,全军将士捐躯沙场。有出无入,有去无还,路途遥远战场迷茫。佩长剑挟强弓英勇奋战,身首异处斗志更旺。勇敢顽强而又英武,坚毅不可凌辱意志如钢。人虽死啊精神永存,魂魄威武要做鬼中之豪强。)

疲弱的马拖着业已陈旧的车子缓缓地向南、向南。随着离开郢都的路程不断遥远,屈原的愁思愈来愈深。在颠簸的车子里,他有时放声吟诗,有时低头落泪,义女婵娟苦苦劝慰,但却无济于事。

一天,马车来到一个高岗上,前边不远就是大江。屈原下了车,缓步来到一块松下的青石上,向身后那走过的道路望去。那崎岖的山路、那稀落的茅屋、那挂着伤心泪水的流浪者……自己离开左徒的位子这才几天,荆楚大地便这般满目疮痍。雾啊,你为什么这般浓、这样重?郢都啊,您在何方,您在哪里?阵阵东风吹来了团团乌云,凄凄松涛夹杂着长长的叹息。婵娟站在义父的身后遥望着自己的家乡,竟也忍不住泪水涟涟。

起风了,闪电了,雷鸣了,狂风抓着雨鞭狠命地抽打着这一行无家可归的可怜的人,仆夫催促着赶快上路。等他们赶下高岗,全都被浇成了落汤鸡,无不颤若筛糠。夜幕慢慢地落了下来,旷野一片漆黑,他们只好寻到了一家茅草房住下来。主人听说来者是三闾大夫屈原,热情得像一团火,急忙给他烫了一壶酒暖暖身子。

屈原换了一件衣服,喝了一点酒,还是觉得浑身发冷。夜深了,跋涉了一天、疲惫不堪的人们相继入睡,斗室里只有屈原一人面对孤灯闷坐。夜雨绵绵,一阵大一阵小,感情的潮水在屈原的心中汹涌起伏。不知为什么,这一夜他的脑海里总是翻腾着自己与怀王相处的一幕幕。倘说在此之前,屈原对怀王确也有过一些怨艾与不满,那也是因为对怀王希冀太多。然而,今夜出现在他脑海里的怀王,却是一个完美无缺的形象,他只记得怀王的知遇之恩和二人配合默契的成就。怀王受辱死于秦,他的尸骨是归葬于郢了,但他的灵魂依然留在荒蛮的西北。这不行,他要写一首诗,将其招回来,招至楚宫,那里才是他的立命之地、安身之所。

冷过之后,屈原又觉得浑身燥热,身子软绵绵的,且周身酸疼,仿佛正有人在抽他的筋骨。他挣扎着拿起笔来,千万句话、千万般感情一齐涌于笔端,澎湃激情顺着笔尖流淌,化作《招魂》一诗。

此篇由引言、正文和结尾的"乱曰"三个部分组成。引言部分首叙清廉,次叙招怀王之魂的原因,最后写上帝命巫阳招魂。正文的招魂词是全文的主体,分"外陈四方之恶,内崇楚国之美"两层。先概括叙述魂魄不能离开躯体去那些不祥之地,然后分别描写东、南、西、北、天堂、地府的种种险恶,使怀王的魂魄不敢行至他乡。如描写东方:

魂兮归来!东方不可以托些。

长人千仞,惟魂是索些。

十日代出,流金铄石些。

彼皆习之,魂往必释些。

归来归来!不可以托些。

(灵魂啊!你快归来吧!千万不要到东方去栖身,因为那里有八百丈高的巨人,专门抓取人的灵魂。那里还有十个太阳轮流出现,天气热得能使金属熔化、岩石成灰。对这种酷热巨人们已经习惯,你要是去那儿,你的灵魂肯定被烧化。归来吧,归来吧!

千万不要到那里去安身!)

屈原对西方的描写最为详细。将西方作为险恶之地的重点来叙述,很可能是暗示怀王之魂不要留在囚死之地秦国,因为秦国在当时是在楚国的西部。

魂兮归来!西方之害,流沙千里些。

旋入雷渊,靡散而不可止些。

幸而得脱,其外旷宇些。

赤蚁若象,玄蜂若壶些。

五谷不生,丛菅是食些。

其土烂人,求水无所得些。

彷徉无所倚,广大无所极些。

归来兮!恐自遗贼些。

(灵魂啊!你快归来吧!西方既可怕又怪异,那里有千里流沙,如你被卷进雷渊,就会被撕得粉碎而不可收拾。即使你侥幸脱险,可雷渊之外仍是可怕的荒野。红色蚂蚁大如象,黑胡蜂能跟葫芦比。那里的土地不生五谷,只有丛丛茅草可以充饥。沙土使人体糜烂,要找水喝也很不容易。你只得在西方游荡,无处投靠,那里广阔辽远,没有边际。归来吧,归来吧!不然你会给自己带来灾祸。)

东方、西方是这样,南方、北方也无不如此,都存在着极大的危险。甚至连天上也去不得,说虎豹把守着九重天门,有九头巨人像豺狼一样竖着眼睛,奔走往来,它把人倒悬起来以取乐,然后把人扔进深渊。

人们幻想的天堂是如此可怕,地狱(幽都)就更不用提了,总而言之,"天地四方,多贼奸些"。唯一美好而可以安身的地方就是楚国了。

接下去屈原以大量篇幅不厌其烦地铺陈楚国宫廷建筑之美、姬妾之众、游览之乐、酒馔之盛、歌舞之娱、博弈之欢,用幻想的手法描写楚国宫廷生活的乐趣，呼唤怀王亡灵返归故乡。

屈原在幻想中把楚国描绘得如此美好，除以夸大的手法吸引楚怀王灵魂返回故国的创作意图以外，还曲折地表达了对楚国的无限热爱和对祖国乡土的无限眷恋之情。这种感情与屈原一贯的爱国主义思想是一致的。

全诗结尾的"乱曰"，叙述屈原在"献岁发春"的季节浪迹南征，经过绿萍齐叶、白芷茂盛的云梦沼泽地区。纵目远望，回忆起当年跟随怀王在这里狩猎的情景，如今却一片荒芜，屈原感慨万分，只盼望着"魂兮归来，哀江南"，抒发了对祖国命运的无限愁思。

▶ 横则秦帝，纵则楚王

屈原被黜后不久，楚国就吃了秦国的大亏。公元前312年，秦王见反秦派的主要人物屈原下台了，大喜过望，觉得从楚国捞取好处的机会来了，便立即派张仪到楚国活动。张仪是战国时魏国贵族的后代，曾经是战国著名道家、纵横家鬼谷子的弟子。鬼谷子其实也是楚人，他的真名已无从可考，只因为他隐身于偏僻的鬼谷，众人便称他为鬼谷先生。鬼谷先生研究纵横捭阖之术，培养了一大批谋臣策士，活跃于各诸侯国，起着出谋划策的作用。张仪在鬼谷子的弟子中算是一个学业出色者，张仪的同窗之一便是后来身佩六国相印的苏秦。

苏秦是战国时期的大谋略家。齐湣王十二年（公元前289年），齐国以苏秦为相。

战国七雄中，就数秦国最强盛。楚、齐、魏、赵、燕、韩六国诸侯是用合纵的办法结成南北联盟来抵抗秦国,还是联合西边的秦国,用连横的办法结成东西联盟来保存自己呢?在这种形势下,出现了一批纵横家。他们的代表人物一个是洛阳人苏秦,他主张合纵;另一个是魏国人张仪,他主张连横。

苏秦在洛阳时想去见周天子,只恨没人向周天子推荐自己。他知道秦孝公死后,太子即位,就是秦惠文王。于是,他跑到秦国去劝秦惠文王用连横的办法,把六国一个一个地消灭。不想他等了一年多,盘缠花光了,衣服破烂了,秦惠文王也没有用他,他只好回了家乡继续研究兵法,再作打算。他非常用功,念书十分刻苦。有时候念累了,困乏了,他为了逼迫自己继续读书,就拿起锥子在大腿上刺了一下,刺得血都流出来了。这一下子,他又打起精神,继续读下去。民间还传说,苏秦有时候太累了,就扑在案头上打瞌睡。为了不让自己打瞌睡,他就拿根绳子,一头吊在房梁上,一头拴住自己的头发。如果他脑袋一往案头上扑,那根绳子就把他的头发揪住,这样就把他揪醒了。他靠着悬梁刺股的精神,苦苦地熬了一年多工夫,读熟了姜太公的兵法,记熟了各国的地形、政治情况和军事力量,还研究透了各诸侯的心理。

一年多以后,苏秦来到燕国求见燕文公,对他说:"燕国没受到秦国的侵略,是因为西边有赵国挡住秦国。可是赵国要来打燕国,早上发兵,下午就能到。您不跟近邻的赵国交好,反倒把土地送给远地的秦国,这种做法很不好。要是

苏秦悬梁刺股

文公用我的计策,先跟邻近的赵国订立盟约,然后再去联络中原诸侯一同抵抗秦国,燕国才能安稳。"

燕文公很赞成苏秦的办法,就给他准备了礼物和车马,请他

去联络赵国。

　　苏秦到了赵国，对赵肃侯说："如今秦国最关注的就是赵国。秦国不敢发兵来侵犯，是因为西南边有韩国和魏国挡住秦国。要是秦国去打韩国和魏国，韩国、魏国投降了，赵国可就保不住了。赵、韩、魏、燕、齐、楚的土地比秦国大五倍，军队比秦国多十倍。要是六国联合起来一同抵抗秦国，还怕打不过它吗？为什么一个个都送上自己的土地去奉承秦国呢？六国不联合起来，却单独向秦国割地求和，绝不是办法。要知道六国的土地有限，秦国的贪心不足。要是您约会诸侯，结为兄弟，订立盟约，不论秦国侵犯哪一国，其余五国一同去帮它。这样，秦国还敢欺负联合起来的六国吗？"

　　赵肃侯听了，就拜苏秦为相国，叫他去约会各国诸侯。正在这时，赵国的边界上传来了报告，说秦国把魏国打败了，魏王割让十座城给秦国求和。赵肃侯担心秦国马上要来攻打赵国，便请苏秦想个法子。

　　怎样才能叫秦国不攻打赵国呢？苏秦想利用他的同学张仪到秦国去说服秦王连横。张仪此时还是个穷困潦倒的政客，苏秦暗中派贾舍人将他先接到了赵国。

　　苏秦先是不见张仪，后来见了却十分冷淡，还羞辱了他。但苏秦暗中叫先前接张仪来赵国的那个门客贾舍人把张仪送到了秦国，当上了秦惠文王的客卿。张仪对秦惠文王说："要是咱们发兵去打赵国，那么韩、魏、楚、齐、燕一同出兵帮它，咱们该对付哪个好呢？越逼得紧，人家越怕，越害怕就越需要联合起来共同抵抗。还不如去联络六国中的几个诸侯，把多数拉过来再打少数。"秦惠文王依了张仪，暂时就不向赵国进攻了。

　　赵肃侯知道秦国不来攻打赵国了，就派苏秦去约会各国诸侯。苏秦说服了各国诸侯联合起来抗秦，赵国又封苏秦为武安君。赵肃侯打发使者去约会齐、楚、魏、韩、燕五国的诸侯到赵国的洹

(huán)水（今河南省北境安阳河）会面。公元前333年，楚、齐、魏三个被封王的诸侯和赵、燕、韩三个被封侯的诸侯，一概称王，并结为兄弟，告拜天地，订了盟约。六国封苏秦为纵约长，交给他六国的相印，让他专管六国联合抗秦的事。

早在与张仪一起做鬼谷子的学生时，苏秦就常佩服张仪的才华，说自己远远不及张仪。后来，苏秦已是声名显赫的大人物了，还时常在别人面前夸奖张仪的出众。这时的张仪还没有出名，苏秦能如此推崇他，可见张仪确实不凡。

据《史记·张仪列传》记载，早年，张仪曾经来到楚国充当策士，却被楚国的国相诬为"盗相君之璧"之贼，被打得皮开肉绽，还被自己的妻子讥笑了一顿。无奈之下，张仪乞求到苏秦门下。但了解张仪的苏秦清楚，如果张仪屈居于自己的门下，才能肯定难以发挥。经过苏秦的一番激励，张仪转而投奔了秦国。张仪成了秦国的客卿（相当于现今的外交部长）之后，开始推行连横战略，以击溃各国。他的连横战略与苏秦主张的合纵战略形成对抗之势，从前的同窗由此成了谋略攻战的对手。

一般说来，南北为纵，六国地连南北，故六国联合抗秦谓之合纵；东西为横，秦地偏西，六国居东，故六国服从秦国称之连横。显然，连横战略对秦国有利，诸侯国之间的互相残杀，其最终结果是秦国的越发壮大。合纵战略对其余六国有利，毕竟当时秦国的实力与联合后的六国相比还是稍显薄弱。因此，在苏秦、张仪等谋臣策士各自游说自己的主张时，"横则秦帝，纵则楚王"的说法就此传开来。

▶ 楚之玉

楚国的和氏璧引发过一段名传千古的历史故事。

和氏璧被赵国收藏,秦昭王听说后,派使者带着国书去见赵惠文王,说秦王情愿让出十五座城来换赵国收藏的和氏璧,希望赵王答应。

和氏璧是一块宝玉的名称,它有一段不平凡的来历。相传在春秋时期的楚国,有个叫卞和的人,在楚山中拾到一块玉璞,便把它献给了楚厉王。厉王就叫辨别玉的专家来鉴定,鉴定的结果说是石头。

厉王大怒,认为卞和在欺骗戏弄自己,就以欺君之罪名,砍掉了卞和的左脚。不久厉王死了,武王即位,卞和又把这块玉璞献给了武王。武王也让辨别玉的专家来鉴定,结果同样说是石头,武王又以欺君之罪砍掉了卞和的右脚。

武王死后,文王即位。卞和抱着玉璞到楚山下大哭,一直哭了三天三夜,眼泪哭干了,最后哭出了鲜血。文王听说后,就派人问他,说:"天下被砍掉脚的人很多,都没有这样痛哭,你为什么哭得这样悲伤呢?"卞和回答说:"我不是为我的脚被砍掉而悲伤、痛哭,我所悲伤的是有人竟把宝玉说成是石头,给忠贞的人扣上欺骗的罪名。"文王于是就派人对这块玉璞进行了加工,果然是一块罕见的宝玉。后来,这块宝玉就被命名为"和氏璧"。

由于这块宝玉极其珍奇,加之不平凡的来历,因此,它成了世间所公认的至宝,价值连城。这也是秦王不惜以十五座城为诱饵来骗取和氏璧的原因所在。

赵惠文王就跟大臣们商量，要不要答应。要是答应，怕上秦国的当，丢了和氏璧，拿不到城；要不答应，又怕得罪秦国。讨论了半天，还是不能决定该怎么办。

当时有人推荐了蔺相如，说他是个有见识的人。

赵惠文王就把蔺相如招来，要他出个主意。

蔺相如说："秦国强，赵国弱，不答应不行。"

赵惠文王说："要是把和氏璧送了去，秦国得了璧，不给城，怎么办呢？"

蔺相如说："秦国拿出十五座城来换一块璧，这个价值是够高的了。要是赵国不答应，错在赵国；大王把和氏璧送了去，要是秦国不交出城来，那么错在秦国。宁可答应，也要叫秦国担这个错。"

赵惠文王说："那么就请你来担当出使秦国的这个重任吧。可是万一秦国不守信用，怎么办呢？"

蔺相如说："秦国交了城，我就把和氏璧留在秦国；要不然，我一定把璧完好地带回赵国。"

就这样，蔺相如带着和氏璧到了咸阳。秦昭王得意地在别宫里接见了他。蔺相如把和氏璧献了上去。

秦昭王接过璧，看了看，非常高兴。他把璧递给美人和左右侍臣，让大伙儿传着看。大臣们都向秦昭王表示祝贺。

蔺相如站在朝堂上等了老半天，也不见秦王提换城的事。他明白了，秦昭王不是真心拿城来换璧，可是璧已落到别人手里，怎么才能拿回来呢？

他急中生智，上前对秦昭王说："这块璧虽说宝贵，可是也有点小瑕疵，不容易瞧出来，让我来指给大王看。"

秦昭王信以为真，就吩咐侍从把和氏璧递给了蔺相如。

蔺相如一拿到和氏璧便往后退了几步，靠着宫殿中的一根大柱子，瞪着眼睛，怒气冲冲地说："大王派使者到赵国来，说是情愿用十五座城来换赵国的和氏璧，赵王便诚心诚意派我把和氏璧送来，可是，大王并没有交换的诚意。如今和氏璧在我手里，大王要是逼迫我的话，我宁可把我的脑袋和这块璧一同撞碎在这柱子上！"

说着，他真的拿着和氏璧，对着柱子做出要砸的样子。

秦昭王怕他真的砸坏了和氏璧，连忙向他赔不是，说："你别误会，本王哪儿能说了不算呢？"

接下来，秦昭王就命令大臣拿上地图来，并且把准备换给赵国的十五座城指给蔺相如看。

蔺相如想，可别再上他的当，就说："赵王送和氏璧到秦国来之前，斋戒了五天，还在朝堂上举行了一个很隆重的仪式。大王如果诚意换和氏璧，也应当斋戒五天，然后再举行一个接受和氏璧的仪式，我才敢把和氏璧奉上。"

秦昭王想，反正蔺相如也跑不了，就答应说："好，就这么办吧。"

他吩咐人把蔺相如送到宾馆去歇息。

蔺相如回到宾馆，叫一个随从打扮成买卖人的模样，把和氏璧贴身藏着，偷偷地从小道跑回赵国去了。

过了五天，秦王召集大臣和别国在咸阳的使臣，在朝堂举行接受和氏璧的仪式，叫蔺相如上朝。蔺相如不慌不忙地走上殿来，向秦昭王行了礼。

秦昭王说："我已经斋戒五天，现在你把和氏璧拿出来吧。"

蔺相如说："秦国自秦穆公以来，前后二十几位君主，没有一个讲信义的。我怕受欺骗，丢了和氏璧，对不起赵王，所以把和氏璧送回赵国去了。请大王治我的罪吧。"

秦昭王听到这里，大发雷霆，说："是你欺骗了我，还是我欺骗你？"

蔺相如镇静地说："请大王别发怒，让我把话说完。天下诸侯都知道秦是强国，赵是弱国。天下只有强国欺负弱国，绝没有弱国欺压强国的道理。大王真要那块和氏璧的话，请先把那十五座城割让给赵国，然后打发使者跟我一起到赵国去取和氏璧。赵国得到了十五座城以后，决不敢不把和氏璧交出来。"

秦昭王听蔺相如说得振振有词，不好翻脸，只得说："不过是一块璧而已，不应该为这件事伤了两国的和气。"结果，还是让蔺相如回赵国去了。

蔺相如回到赵国，赵惠文王因为他完成了使命，就提拔他为上大夫。

秦昭王本来也不是诚心想用十五座城去换和氏璧，不过想借这件事试探一下赵国的态度和力量。蔺相如完璧归赵后，他也没再提交换的事。

不久，秦国攻打赵国，杀死赵国兵士两万多人。诡计多端的秦王派使者约赵王在渑池会谈。赵王害怕上当，又不敢不去。蔺相如为了赵国利益，不怕牺牲，决定陪同赵王前往渑池。

完璧归赵

到了渑池，宾主相见，饮酒作乐。秦王在酒酣后故意对赵王说："听说赵王擅长鼓瑟，请弹一首给我听好吗？"赵王无法推脱，只好弹了一首。哪料一曲刚罢，秦御史立即记录下来，"某年某月某日，秦王命赵王鼓瑟"。当下赵王大窘，备感羞辱。

这时蔺相如胸有成竹地走了上来，顺手拎起一只装酒的缶（即瓦罐，古时也作为一种乐器）对秦王说："我们赵王听说您擅长击缶,我呈上这只缶,请您击缶,就算是相互娱乐吧。"秦王大怒,当然不肯,蔺相如持缶跪请,秦王仍不愿。蔺相如便道:"我与您相差不过五步,您还不肯的话,我的血可要溅到您的身上了。"蔺相如这回可真的是要拼命了,秦王左右都拔出了剑。蔺相如大喝一声,怒目逼视,发尽上指,众人皆胆寒而退。秦王无奈,只好击缶,蔺相如马上叫过赵御史官记下,"某年某月某日,秦王给赵王击缶"。

击缶在当时是民间一种比较粗简的娱乐方式,不登大雅之堂,尤其在这种国宴场合,一国之主显然是不能击缶的。蔺相如这招给赵国挽回了足够的面子。

后来,秦国群臣向赵国要十五座城。蔺相如寸步不让,提出用秦国的国都咸阳作为交换条件,使秦王理屈词穷,毫无所得。蔺相如机智地保护了赵王的安全,并且使其不被羞辱。回国后,他被任命为上卿(相当于宰相)。

赵国有一位战功显赫的大将军,名叫廉颇。他见蔺相如没有一点战功,仅凭嘴皮子功夫竟当上了宰相,比自己的官还要大,于是,心中很不服气。廉颇手下的人也七嘴八舌,为廉颇鸣不平,使廉颇的怒气更大了。

两人一见面,廉颇总是不给蔺相如面子,经常与蔺相如顶撞。蔺相如心胸宽广,深知将相不和,有害国家利益,于是他并不理会廉颇的不满,只想消减二人的矛盾。此后,廉颇与蔺相如在一起时,蔺相如都对廉颇彬彬有礼,十分客气。对廉颇的故意为难,蔺相如都一笑了之。

廉颇和他的手下都认为,蔺相如是怕廉大将军,于是,廉颇越发高傲了。

一次,蔺相如与廉颇的轿子在路上相遇了,按礼节,蔺相如是相国,官位比廉颇高,应该廉颇让道才是正理,但廉颇根本不理睬。蔺相如见了,马上命手下让开道路,并令人传话:请廉大将军先行。

廉颇走后,蔺相如手下的人都埋怨他太软弱。蔺相如却说:"我不是软弱,更不是怕廉将军,连秦王我都不怕,还怕他吗?我这样做,是为国家考虑,将相不和,国家如何安宁呢?"

这番话传到廉颇耳中,他细细一想,确实是这个道理。廉颇虽是个粗人,却也正直,懂得自己不对后,决定向蔺相如请罪。

他命手下采来荆条,自己光着身子,背负荆条,徒步走到蔺相如的府邸来请罪了。

将相终于言和,并且成为誓同生死的朋友。

路漫漫

屈原流亡南楚洞庭期间,除了孤独隐居,便是游走于山水之间,访贫问苦,苦吟诗句。这一带自远古以来就十分荒芜,林木幽深,沼泽遍野,时而霰雪漫天,时而阴云低垂。能听见猿猴嘶叫,能看见野兽出没,却往往很长时间见不到人影。屈原到这里后,心情自然是苦闷至极,但他仍然坚持自己的政治理想,绝不向世俗低头。很多时候,他只能让自己的灵魂与古代哲人对话,默默地向世人表白:路漫漫其修远,上下求索之不可悔。而要改变这污浊的社会现实,首先就必须承受常人所不能承受的苦难。

曾经地位显赫的三闾大夫,如今已经是一个白发苍苍的老人了。

屈原乘船进入辽阔缥缈的洞庭湖,在洞庭湖的小岛君山(鄂渚)停下了。在晚秋的劲风中,他登上山顶,回头遥望楚国,感叹、忧伤不已:令人伤心的是没有人理解我,我只有郁郁南行。

在君山住了一段时间之后,他在第二年离开洞庭湖,沿着湘江到达湘江沿岸的长沙。

长沙是楚先祖熊绎的始封之地,在长沙屈原遍览山川形势,考察先祖遗迹,更增加了对祖国江山的无限热爱之情。而此时在郢都,顷襄王接到秦王的一封信,说如果楚国仍与秦国对抗,秦将率诸侯联军共同讨伐楚国。顷襄王吓得不知如何是好,若不服从的话,秦国将会大军压境,而楚国现在已没有什么抵抗力量。此时在楚国朝廷内部,亲秦派已经成为当权派,他们建议顷襄王与秦和好。顷襄王既无胆识,又无才能,父亲怀王囚死于秦的国耻家仇也顾不上了,赶忙派人送信给秦王,表示愿意与秦国讲和,并效法他父亲的故伎,从秦国娶妇甘为秦婿。屈原听说了这些丧失国格的卑怯之举,气愤不已,悲伤楚之先辈爱民忧民的情怀在顷襄王身上已丧失殆尽了。

这一年屈原作了《怀沙》,即怀念长沙之意。他写道:

滔滔孟夏兮,草木莽莽。

伤怀永哀兮,汩徂南土。

眴兮杳杳,孔静幽默。

郁结纡轸兮,离愍而长鞠。

抚情效志兮,冤屈而自抑。

刓方以为圜兮,常度未替。

易初本迪兮,君子所鄙。

章画志墨兮,前图未改。

内厚质正兮,大人所晟。

巧倕不斲兮,孰察其揆正?

玄文处幽兮,蒙瞍谓之不章。

离娄微睇兮,瞽谓之不明。

变白以为黑兮,倒上以为下。

凤皇在笯兮,鸡鹜翔舞。
同糅玉石兮,一概而相量。
夫惟党人鄙固兮,羌不知余之所臧。
任重载盛兮,陷滞而不济。
怀瑾握瑜兮,穷不知所示。
邑犬群吠兮,吠所怪也。
非俊疑杰兮,固庸态也。
文质疏内兮,众不知余之异采。
材朴委积兮,莫知余之所有。
重仁袭义兮,谨厚以为丰。
重华不可遻兮,孰知余之从容!
古固有不并兮,岂知其何故!
汤禹久远兮,邈而不可慕。
惩连改忿兮,抑心而自强。
离闵而不迁兮,愿志之有像。
进路北次兮,日昧昧其将暮。
舒忧娱哀兮,限之以大故。
乱曰:浩浩沅湘,分流汩兮。
脩路幽蔽,道远忽兮。
曾唫恒悲兮,永慨叹兮。
世既莫吾知兮,人心不可谓兮。
怀质抱青,独无匹兮。
伯乐既没,骥焉程兮。
民生禀命,各有所错兮。
定心广志,余何畏惧兮!
曾伤爰哀,永叹喟兮。
世溷浊莫吾知,人心不可谓兮。

知死不可让，愿勿爱兮。

明告君子，吾将以为类兮。

（阳光强烈的初夏呀，草木茂盛地生长。悲伤总是充满胸膛啊，我急匆匆来到南方。眼前是一片茫茫啊，沉寂得毫无声响。我的心情沉郁悲慨啊，这令人伤心的日子又实在太长。抚心反省而无过错啊，蒙冤自抑而无惧。

想把方木削成圆木啊，但正常法度不可改易。抛开正路而走斜径啊，那将为君子所鄙弃。明确规范，牢记法度啊，往日的初衷绝不反悔。品性忠厚、心地端正，为君子所赞美。巧匠不挥动斧头砍削啊，谁能看出是否合乎标准。黑色的花纹放在幽暗之处啊，盲人会说花纹不鲜明；离娄稍微一瞥就看得非常清楚啊，盲人反说他是失明无光。事情竟是如此的黑白混淆啊，上下颠倒。凤凰被关进笼子里啊，鸡和野雉却在那里飞跳。美玉和粗石被掺杂在一起啊，竟有人认为二者也差不了多少。那些帮派小人卑鄙嫉妒啊，全然不了解我的高尚情操。

任重道远负载太多啊，沉陷阻滞不能向前。身怀美玉品德高啊，处境困窘向谁献？城中群狗胡乱叫啊，以为少见为怪就叫唤。诽谤英俊疑豪杰啊，这本来就是小人的丑态。外表粗疏内心朴实啊，众人不知我的异彩。未雕饰的材料被丢弃啊，没人知道我所具有的智慧和品德。我注重仁与义的修养啊，并把恭谨忠厚来加强。虞舜已不可再遇啊，又有谁知道我从容坚持自己的志向？古代的圣贤也难得同世而生啊，又有谁能了解其中缘由？商汤夏禹距今是何其久远啊，渺茫无际难以追攀。强压住悲愤不平啊，抑制内心而使自己更加坚强。遭受忧患而不改变初衷啊，只希望我的志向成为后人效仿的榜样。我又顺路北行啊，迎着昏暗将尽的阳光。含忧郁而强作欢颜啊，死亡就在前面不远的地方。

浩荡的沅江、湘江水啊，不停地流淌，翻涌着波浪。道路漫长而又昏暗啊，前程又是何等的恍惚渺茫。我怀着长久的悲伤歌吟不止啊，慨然叹息终此世。世上没人了解我啊，谁能听我诉衷肠？情操高尚品质美啊，芬芳洁白世无双。伯乐早已死去啊，千里马谁能识别它是骏良？人生一世秉承命运啊，各有各的不同安排。内心坚定心胸广啊，别的还有什么值得畏惧！重重忧伤长感慨啊，永世长叹无尽哀。世道混浊知音少啊，人心叵测内难猜。人生在世终须死啊，对自己的生命就不要太珍爱。明白告知世君子啊，我将永为人模楷。)

一天，屈原行走在沧浪水边，沉思吟诗。这时，一条小船慢慢靠近岸边。船上一位打鱼的老人认出了屈原，说："这不是三闾大夫吗？看您身体枯瘦，面容憔悴，几乎认不出您了。您怎么会到这荒郊野地来？"

屈原抬头望见慈善、和蔼的老渔夫，如实回答道："许多人都是肮脏的，只有我是个干净人；许多人都喝醉了，只有我还醒着。所以我被赶到这儿来了。"

渔夫不以为然地说："既然您觉得别人都是肮脏的，就不该自命清高；既然别人都喝醉了，那么您何必独自清醒呢！"

屈原反对说："我听人说，刚洗过头的人总要把帽子弹弹，刚洗过澡的人总是喜欢掸掸衣上的灰尘。我宁愿跳进江心，到鱼肚子里去，也不能让自己干净的身子跳到污泥里，染得一身脏。"

见屈原不听自己的劝告，渔父"莞尔而笑"，不再言语，兀自唱起"沧浪之水清兮，可以濯吾缨。沧浪之水浊兮，可以濯吾足"的歌，敲击着船桨离去。

屈原知道，这位老渔夫其实并不是真正的打鱼人，而是一位避祸的隐者。他完全可以像这位隐者一样隐姓埋名，居住在深山之中修养身心，忘掉那些烦恼的国事，颐养天年。但是植根于屈原心中的忧民情感使他一刻也忘不掉正处于危亡时期的故国，一刻也忘不了处于危难之中的楚国人民。他不能丢下楚国去隐居，不能效法隐者荡舟湖泊自得其乐。他的心里仍关注着心爱的祖国。

屈原不久乘船到了辰阳，接着又到了溆浦。进入荒僻的溆浦之后，屈原心神迷乱，不知道要到哪里去了。幽暗、深远的森林里，到处有野兽出没，陡峻的山岭蔽天遮日，山中幽暗潮湿，霏霏细雨忽而变为无边无际的小雪粒，浓密的乌云低低地压向茅檐，直压得人喘不过气来。屈原忧愁哀苦，一个人孤独地身处深山野林中。但即使如此，他依然不改变初衷，坚定着这样的信念："我不能改变我的志向而顺从时俗，本来就准备愁苦一生、穷困到死。古代的贤人不都是遭受刑罚的吗？楚狂接舆先是披发佯狂，后来索性剃掉头发，表示对世俗的反抗。古代隐士桑扈裸体而行，表示对世俗的蔑视。吴国忠臣伍子胥进谏，被逼自杀。殷商贤臣比干被纣王杀害，剁成肉酱。前世的贤人都是如此，我又何必怨恨现在的人？我毫不犹豫地严守正道，本来就会一生穷困。"

在溆浦居住了一段时间之后，屈原从溆浦往回走，乘船又到了枉渚。在枉渚居住了三年，这时大概是楚顷襄王九年（公元前290年），屈原完成了《涉江》的创作。楚国因慑于秦国的强大威力，不得不频繁地与秦国结盟，以图苟延时日。而东方六国在秦国文武兼施手段的打击下，已无力结成巩固的合纵联盟，不但对西部的强秦构不成任何威胁，反而六国之间互相争斗，彼此削弱势力。楚顷襄王十二年（公元前287年），苏秦与赵国奉阳君李兑发动赵、楚、魏、韩、齐五国军队攻打秦国，燕国也派兵随着齐国军队参加。本来削弱强秦的形势大好，然而秦昭王在联军出发之前，已派遣使者去了赵国和魏国，答应还给他们一部分地盘，让他们放弃攻打秦国的行动，而楚国因连年大败，已是非常衰弱，见赵、魏止步不前，便也不战自退了。六国联盟就这样瓦解了。

屈原从枉渚乘船自西向东穿过洞庭湖，来到了洞庭东汉——

屈原传

汨罗江,居住在江北岸的南阳里。这时楚国与秦国约盟于宛,图谋攻打齐国。公元前285年,秦将蒙武越过韩国、魏国国境攻打齐国,侵占其九个城市,设置了九个县。燕将乐毅游说赵国、楚国、魏国联合攻打齐国,第二年,韩、秦也加入联军,形成六国攻打齐国的局面。结果齐国大败,燕将乐毅率兵攻打临淄,掠走齐国的宝物器皿,齐湣王逃亡到莒城,这使唯一能与秦国抗衡的大国几乎灭亡。虽然公元前283年齐襄王在莒城即位,以示齐国未亡,但已大伤元气,直到被秦所灭也没恢复到以前最强盛的程度。

这种局面正是楚国不采用屈原的联齐抗秦策略所导致的恶果,然而楚国君臣都意识不到强大的齐国削弱之后,楚国将会存在不久的危机。其实即便是意识到,也为时已晚,东方六国的前途已明显堪忧了:被秦国各个击破。屈原在南阳里居住了几年之后,移居到不远处的玉笥(sì)山下。玉笥山下有一条名叫玉水的小溪,小溪向南流入汨罗江,溪上有座小木桥,屈原天天到桥上浣缨濯足,依然保持着他好洁的习惯。

公元前279年,秦将白起率军攻破楚国的鄢、邓。白起开渠引水灌鄢,淹死百姓几十万人。消息传来,屈原悲愤不已,他想到殷末贤人申徒狄因为多次进谏而不被采纳,投水自尽,终究没有阻止殷朝的灭亡。他也想投江而去,可这对解决楚国的危机又有何益。

他反复考虑,最终决定回到郢都去,好为挽救楚国尽些力。大概就是这一年的冬天,屈原回到了郢都,但遭到统治集团的排斥,顷襄王也拒绝接见他。屈原忧心如焚,秦国已大军压境,楚之郢都岌岌可危,而顷襄王还自以为国土辽阔,人口众多,仍不失为强国,因而不恤国政,不修备战,一味贪图享受。朝廷中的大臣个个互相嫉妒,只图夺功封赏,以逸谄阿谀为本事,贤良之

臣被排挤出朝廷。普通百姓对朝廷的黑暗统治怨声载道，离心离德。楚顷襄王二十一年（公元前278年），白起率兵攻破郢都，烧毁了楚先王的陵墓。楚军一战即溃，顷襄王慌忙退守陈城（今河南省淮阳县）。秦将占领后的郢都改为南郡。在这一年的仲春，屈原随着逃难的百姓离开郢都，顺长江向东行进。屈原离开故都，心中万分悲痛，回首望见郢都高大的楸树仰天叹息，涕泗横流。过了夏首再也望不见郢都东门了，他怀着悲伤的心情顺着风浪、随着流水东飘西荡，成了一个流浪者。他还能到哪里去呢？他只得又回到了玉笥山下的住所。在这里屈原度过了他人生最后的一段日子，这时他已是六十二岁的老人了。

屈原在他的绝笔《惜往日》中以痛惜的心情回顾了自己的一生。

他念念不忘自己受怀王重用时改革朝政、修明法度的美好时光："想当年曾得到怀王宠信，接受诏命起草昭明时政的宪令，奉行先贤的典章制度而昭示下民，阐明法度中疑惑难解之处。国家富强、法令健全，怀王任用忠良大臣而事事顺心、优游自得。国家的大事都由我来掌握，即使有点过错，怀王也不予治罪。"他痛心怀王、顷襄王的昏庸无能、不辨是非、以忠为邪、以逸为信，使他长期遭受流放之苦，政治理想无法实现。国家的命运如今已危在旦夕，他在极度绝望的情况下，决心以死殉国。"卒没身而绝名兮，惜壅君之不昭！"——我宁愿最终身死名灭，遗憾的是被小人蒙蔽的君王仍不醒悟；"不毕辞而赴渊兮，惜壅君之不识。"——我无法抑制我内心的愤慨而把话说完，我决心投水自尽，使我痛心的是：昏聩的君王不理解我的心啊！

屈原传

▶ 郢都陷落

屈原被流放在南楚洞庭的十年时间里,秦国继续觊觎着楚国。楚顷襄王十四年(公元前 285 年),秦昭王约楚顷襄王在宛会见。在这座已被秦国侵占的楚国先祖的兴国之城,楚顷襄王再一次献上宫中美女,与秦国"结亲"。当秦昭王提出两国之间实行连横策略时,楚顷襄王又连连点头同意了。

楚国刚刚接受了秦国的所谓连横策略,齐国就出兵前来攻打楚国,并且夺去了楚国的淮北之地。第二年,在楚国的强烈要求下,秦国不得不派出少量军队,与楚国组成一支联军,由楚国军队打头阵,夺回了淮北之地。

秦国派兵帮助楚国夺回了淮北之地,对此,楚顷襄王十分感激。这个没有多少主张的一国之主,为了感谢秦国,又连续两次在曾经属于楚国、现在已被秦国夺去的城池与秦昭王会面。每次会面,楚国免不了送上宝物,少不了阿谀奉承,大大滋养了秦昭王提前称霸天下的虚荣心。可是,连楚顷襄王的随从们都能从秦昭王的眼里看出那种贪得无厌的野心、那种深入骨髓的虚伪。有限的宝物以及奉承的言辞,根本满足不了他。

是的,这样脆弱的局面是维持不了多久的。

楚顷襄王十八年(公元前 281 年),有人向顷襄王推荐了一名善用弓箭射击的楚国平民,苦无良策的顷襄王接见了他。

这个平民以一番弱弓射雁的道理,向顷襄王建议:"尽管我手上的这把弓箭不算厉害,但如果找准了对方的弱点,仍然可以把天上的大雁射下来。而现在，秦国打败了韩国，但无法守住夺来的土地；对魏国作战却没有得到多少好处；攻击赵国反而折损了兵力。由于战线拉得太长，秦国的力量看来已不如以前了。要对秦国下手，现在正是时候……"

这个平民的话直白得很，想重振楚国的威风，这也没错，但急急忙忙地盲目征战，后果往往不堪设想。楚国的当务之急，是统一内政，联合各诸侯国，富国强兵，积蓄力量。然而这番鼓动的话让顷襄王颇为动心。听完这番建议，顷襄王马上召集重臣们商量。

有一名重臣这样讲道："先王曾遭受秦国的欺骗，最终亡故异乡，楚国民众怨愤极大，以致一个最普通的百姓都有对秦国开战的决心。我们楚国有五千里的广阔土地，有大批坚甲将士，为什么不主动进攻呢？与其困在这里遭秦国进攻，还不如找准秦国的弱点，主动杀出去。"这名重臣对楚怀王客死秦国，以至于民怨极深的分析都是正确的，但他高估了楚国的经济和军事实力，明显地误导了顷襄王。可在顷襄王听来，这个意见非常高明。

确实，这个时候的顷襄王，对于亲秦派那套献媚求和的手法已经失望，就在这一年，他还免去了子兰的令尹一职。此时，他想，既然有人劝我与秦国对抗，那就试一试吧。我要让各诸侯国看一看，我堂堂楚王不是一个卑躬屈膝的人。

很快，顷襄王放弃了与秦国的连横盟约，派出一群使节，分赴各诸侯国，重拾合纵之策，准备讨伐强秦。得知这一消息的秦国当然不会无动于衷，立即集结精锐之师，向楚国扑来。

仍然被流放在南楚洞庭的屈原始终关注着楚国事态的发展，为楚国的前途命运忧心忡忡。

楚顷襄王十九年（公元前280年），由楚国率领的联军还没有准备好，秦国军队就如洪水猛兽般朝楚国扑来，楚国只得凭一国的力量仓促应战。战场上的情景异常惨烈，双方力量悬殊，楚国

 屈原传

军队丢盔弃甲，一败涂地。是的，这是一场仓促的战斗，无益的牺牲只能再度削弱自身。明知对方是一块石头，怎能不充分武装一番就拿自己这颗鸡蛋撞上去呢？

打了胜仗，秦国便又伸手要地。楚顷襄王只得割让上庸、汉北两块土地给了秦国。得了土地之后，本想继续深入楚国腹地的秦国军队方才撤退。顷襄王和宫廷内的大臣们又松了一口气。

但是，猛兽的胃口是永远也填不饱的。第二年，在战场上一次次得了大便宜的秦国再次出兵伐楚，这一回打得更加凶猛。秦国大将白起是一个勇猛无比的名将，其手下的将士也很勇猛善战，已被打得抬不起头的楚国军队几乎无法招架。这一年，秦国的军队势如破竹，接连夺走了楚国的鄢、邓、西陵三座城池，楚国军队不得不一次次后撤，退到了都城郢都一带坚守。

顷襄王似乎预感到路已快到尽头，坐在王宫里的他如坐针毡，不时催问前方战况如何，不时寻找能率兵打仗的将领。他的阵脚已经大乱。作为一国之主，一旦阵脚大乱，将意味着什么？这时，平日里那些趾高气扬、不可一世的贵族高官们，特别是亲秦派们，都已在为自己的后路做准备。宫廷里已是一片混乱。

顷襄王突然觉得自己很孤独，他甚至已找不出几个敢于在危难中挺身而出的人。难道昔日强盛的楚国就这么完了吗？先辈创下的业绩将毁于自己的手上吗？他不免深感惊恐，不由得大声喊道："来人哪！"

几名官员应声前来，看得出他们也已在准备逃命了。

"传诏下去，凡是在战场上自顾逃命的，一律戮杀！"顷襄王的嗓音已经嘶哑。

官宦们互相对视了一眼，犹豫了一会儿，终于吞吞吐吐地说："可是……很多将士都当了逃兵，一律戮杀的话，军队将无人……"

顷襄王还没有听完，就瘫在了椅榻上。

是的，此时的楚国，尽管抗秦的呼声似乎比以前高了些，可惜为时已晚，最精锐的军队已经覆没，人心也已涣散。在这样的时刻，哪怕是最高超的军事指挥家，也已回天乏术。

官宦们在顷襄王面前说很多将士在战场上当了逃兵，这确是事实。纵观秦、楚两国几十年的交战史，楚国惨败的最大原因，是亲秦派的策略错误，但楚国军队中的离心离德现象，也是不可忽视的原因，对此，著名的谋臣策士苏秦曾有一段分析："楚虽有富大之名，其实空虚。其卒虽众，多言而轻走，易北，不敢坚战。"意思是说，楚国虽然拥有充裕的兵力、精良的武器，但实质上它是空虚的。楚国军队虽然人数众多，可很大部分容易逃跑，或者倒戈，根本不敢坚持战斗。

然而，楚国军队的这一弱点并非因为他们怕死。楚地民众曾经具有相当强烈的锐气和勇气，以及开拓精神和进取精神，创造了可歌可泣、引以为豪的历史。楚国军队后来之所以逃兵众多，是"统之者非其道故也"，即国家的当权者自我感觉过于良好，行为处事背离了起码的从政之道，背离了起码的为人之道，导致宫廷中风气不正，正直的人们几乎无法为国效劳，屈原就是一个典型例子。这样一来，在整个楚国，军队都在各自作战，没有统一指挥；老百姓各管各家的事，民心涣散，离心离德，甚至在强敌入境时，也没有充分的斗志。目睹这样的现象，连率兵数次攻打楚国的秦国大将白起也不由得大为感慨："是时楚王恃其国大，不恤其政，而群臣相妒以功，谄谀用事，良臣斥疏，百姓心离，城池不修，既无良臣，又无守备。"

郢都最终陷落了。

饮恨沉江

屈原在流放中，经常和老百姓生活在一起。他看到楚国百姓一年到头辛辛苦苦种地，还是经常受冻挨饿，生病没钱医治，死了没钱埋葬，遇到天灾人祸，弄得妻离子散，家破人亡。这种悲惨的景象，更加深了屈原的痛苦。

十几年过去了，屈原依然没有得到楚王召他回去的消息。他担忧国家的前途，日里梦里老想回郢都去。他想借山川景物来排解自己的爱国忧愁，结果反而更加伤心。楚国的政治这么腐败，秀丽的河山逐渐被秦国抢去，楚国太危险了。

屈原想立刻回郢都去，再劝楚王，事实上已不太可能。有人对他说："你何必留在楚国受这份罪呢？"屈原说："我怎能扔了家乡，扔了父母之邦啊！鸟飞倦了，想回到自己的老枝上去歇息啊；狐狸死了，头还向着家乡的土山啊！救国的道路漫长啊，我不能离开楚国，我要上下寻找救国之路啊！"

坏人掌权，楚国终于大难临头了。公元前 278 年，秦国派大将白起攻打楚国，攻下了楚国的国都。屈原听到这个消息，伤心得放声大哭。这时，他已经是六十二岁的老人了。郢都被秦军攻陷的时候，悲愤的屈原站在洞庭湖南岸的一片泥地里，极目向北方的郢都眺望。尽管看不见那儿的滚滚浓烟，听不见被屠杀的生灵那悲怆凄惨的哭声，但深知战争之苦、深知秦军残暴、深知郢都沦落后命运的他，完全可以想象出，那座美丽而繁华的城池正在经历何等狂暴、惨烈的蹂躏。屈原甚至不忍去想象那里正在发生的一切，可这是无法回避、无法更改的事实！

可是，当屈原听说楚国先人的陵墓被烧毁，象征楚国王宫威严、集聚楚国文化精华的章华台成为一片废墟时，深深绝望的他终于忍不住了。他蹲下身，然后又趴在这片泥地上，匍匐着，反复触摸着楚国的土地。这样的王朝、这样的官宦、这样的强敌、这样的局势……还能让自己再说些什么呢？哪怕是身下的这块土地，对于楚国来说，究竟还能保住多少时日？

他实在不知道自己应该怎样做，才能保住这片楚国的土地，保住先祖留下来的社稷，才能让楚国富国强兵，最终统一天下。然而现在，楚国连郢都也丢了，一切都已不可能了。

攻下郢都，随即又占据了洞庭、五渚江以南等地区的秦国军队乘势进攻，于当年又沿着长江，进入三峡地区，很快占据了巫山、黔中等地，设立了秦国的黔中郡，把楚国的版图切割得七零八落。

公元前278年夏历的五月初四日夜，这是个非同寻常的夜晚，在这个夜晚，一颗巨星正经历着陨落前的熬煎与磨难。

天阴地晦，星月无光，漆黑的天空沉沉地压了下来，欲与昏睡的大地相合。天气闷热，空气潮湿，人们汗流浃背，牲畜也热得张着大嘴喘息。这阴晦、这黑暗、这闷热，预示着一场震撼人心的暴风雨就要来临！……

人终有一死，死并不可怕，令人悚惧的是死前那痛苦的折磨——灾难的折磨、疾病的折磨、刑罚的折磨、境况和遭遇的折磨……在这个人们永远也不会忘记的夜晚里，屈原正经受着精神和感情上撕肝裂胆的折磨。

自郢都陷落后，在短暂的两三个月的时间里，屈原一气呵成了《哀郢》《怀沙》《天问》三首光辉诗篇，但他终觉意未尽、情未了、志未明、话未完，于是抓紧这辞世前的最后一个夜晚，又赶写了《惜往日》，这是他的绝命辞。

"惜"是爱惜、痛惜之义。首句"惜往日之曾信兮",是爱惜;末句"惜壅君之不识",是痛惜。

在这首《惜往日》中,屈原突出表现了自己崇高的爱国主义精神及法治思想。他痛惜自己的理想和主张受到谗人的破坏而不能实现,说明自己不得不死的苦衷,并希望以自己的死来唤起广大人民的爱国意识。他对无识的顷襄王没有半点指望,他不愿眼睁睁看着祖国灭亡,故而赴死之心早决。

写完了《惜往日》已是三更将尽,他正襟危坐于灯烛之下默诵了两遍,垂泪不止,打湿了衣襟。读完之后,他仿佛完成了今生的最后一件事情,了却了一番心愿,心情似觉平静了许多。他站起身来,伸了个懒腰,在室内慢慢踱步。

屈原欲做之事也许已经做完,但他的思绪却没有停,踱步之后依然面对孤灯而坐,冥思许久。

当东方刚刚亮出曙光的时候,屈原穿上了平日舍不得穿的冠袍,佩上他一直珍爱的宝剑,走到濯缨桥上最后一次梳头、洗脸、整理衣装。他走下小桥,又望了望自己居住了几年的荒野小屋,然后转身沿着汨罗江朝下游的罗渊走去。他走了好久、好远。在罗渊,他远眺西北方的祖国郢都,可是它太遥远了,而且已落入敌手了,望又望不见,归又归不得,如果怀王、顷襄王能采用自己的政治主张和外交策略,楚国何至于落到这种地步?

屈原沿着小道踉跄走向了江边。风呼声、鹤长鸣,似乎还能听见远处的刀枪撞击声、呐喊声以及让人揪心的呻吟声。此时,曾为"战国七雄"之一的楚国正处于风雨飘摇的历史关头,另一个强大的诸侯国——秦国的军队即将占领这儿。他呆呆地走着、听着、叹息着,转身走向了汨罗江,在江边的泥岸上坐下来,注视着这滔滔江水,一动也不动。他抱住脑袋,一副十分痛苦的神情。

他身后不远处的江畔小道上,不时有逃难的人从远处奔来,急急地向南方逃去。不难看出，这些逃难的人中，有不少人衣着华丽、行囊庞大，甚至还驾着牛车，他们是地位显赫的官吏。连官吏都在狼狈地逃难了，普通百姓还会死守家园吗？

"郢都早就陷落了，连长沙都快要失守了，楚国的军队一直在撤退！"

"快走，快走，秦国的军队已经渡过长江，过了湘水，离这儿越来越近了！"

……

逃难的人群中不时传播着这样的消息。这可绝不是危言耸听，那些刀枪撞击声、呐喊声以及让人揪心的呻吟声，不正由北向南地追撵着扑来吗？盘旋在逃难人群上方的乌鸦也在凄厉地叫着，给这绝望的氛围平添了一丝浓重的伤感。

原本，这可是南方最温暖、最美丽的暮春季节呀。繁花生树，群莺乱飞，一切都充满着诗情画意。谁知，楚国的灭顶之灾已在眼前。

屈原依旧坐在汨罗江边的泥岸上，紧紧抱着脑袋，整个人蜷缩成了一团。汨罗江水拍击着泥岸，涛声阵阵，他发出的痛苦的哭泣声与涛声交织在一起。他为楚国而哭，为民众而哭，为自己而哭。曾经的抱负、曾经的努力，想不到竟在这个自己一向歌吟赞美的美好季节破灭，这怎么叫他承受得了呢？

屈原一想到这些，禁不住老泪纵横，他昂首问天："苍天，你为什么这么不公平，把噩运降到楚国人民头上？苍天，楚王为什么总是被小人蒙蔽，而不理解我的忧国忠君之心？既然我的理想无法实现，郢都已陷入敌手，我还有什么必要再活下去？我以身殉国，希望能引起楚王觉悟，以挽救危亡的楚国啊！"说完他纵身跃入汨罗江中，滚滚波涛顿时将他淹没了，阵阵涛声仿佛依然在倾诉着忠魂的心声，呼唤着这千古不朽的爱国灵魂。

一颗璀璨的明星陨落了，汨罗江水倒流，浊浪翻滚，悲风四起。百姓们闻讯赶来，只见屈大夫常骑的那匹白马耷拉着脑袋，纹丝不动地立于悬崖峭壁之巅。百姓们奔跑着、哭喊着："屈大夫投江了啊！屈大夫投江了啊！……"原先划进江边港湾的船只，闻声如箭似的飞了出来，立即展开打捞抢救。一条船一两个人划太慢了，百姓们纷纷跳上小船，拿起扁担、木板一齐划水，边划边垂泪不止。热泪洒于江中，致使江水更加汹涌澎湃。横十里、顺十里的百姓全都哭天号地地向这边奔来，汨罗江两岸人山人海，同放悲声，哭声盖过了风雨雷霆，压倒了撼山的涛声。江面上，一直到天黑渔民们还在打捞；江岸边，如潮的人群直至伸手不见五指方搓着红肿的双眼离去。这一夜，家家豆灯长明，户户泣声不断，时光在煎熬着每一颗伤痛的心……

　　第二天，东方尚未泛白，汨罗江上便布满了各式各样的大小船只，但是三天后，仍未找到屈原的遗体。有位翁老汉望着阴沉、迷蒙的天空说："屈大夫系文曲星下凡，只怕是到天上告状去了。"

　　另一个渔民指着汹涌的波涛说："我看，只怕是被浪涛冲到洞庭湖里去了，我们还是到洞庭湖去找找看吧。"

　　又有一个渔民乞求似的对翁老汉道："您老人家快做决定吧！"

　　翁老汉挺身站在船板上，眯着双眼遥望前方，捋着花白胡须在思考着什么，一直没有做声，听见有人问他，才猛然一手掐腰，一手指着云遮雾障的前方，命令似的说道："船发洞庭，闯！……"

　　几十条大小船只闻声奋然划桨，顺江而下，齐闯洞庭……

　　且说五月十五日这天，天气阴沉沉的，汨罗江边上一丝儿风也没有。玉笥山上的树枝像寒冬腊月结了冰一样，根根直立着。江水哗哗地流淌着，文静雅致，像湿衣不乱步的儒生。江中少有航船，岸畔行人寥寥，一时间人们都不知躲到哪儿去了。

　　终于，一艘渔船载着屈原的遗体回到了岸边。遗体上岸这天，正是五月五日后的第十天，为了纪念这个难忘的日子，汨罗江两岸的百姓称五月十五日为"大端阳"。

传说，屈原的遗体被移回的当晚，守灵的百姓挤满了一屋子，窗外的台阶上和河畔还坐了许多人。由于屈原的遗体被水浸泡多日，头部受损，众人商议为屈大夫打造金头，以弥补缺损部分。于是有的当即摘下佩带的金银首饰，有的赶回家去向母亲或妻子借取。消息传开，来敬献首饰者络绎不绝。聚沙成塔，集腋成裘，仅半天时间，便集黄灿灿、白花花之金银一包，为三闾大夫铸一金头足矣——谁道世间贵金银，人心更比金银贵！

金银既备，大家迅速派人四处寻找那会铸金头的能工巧匠。几天后，去请工匠的年轻人相继归来，大家都说，铁匠、铜匠、银匠倒是寻到了不少，只是全都没有铸过金头，因而谁也不敢来。正在这时，一位老翁汗流浃背、风尘仆仆地赶回来了，他气喘吁吁地说："我跑了九十九个村庄，会见了九十九个工匠，全都无能为力。最后又寻到了一位九十九岁的老银匠，听说要为三闾大夫造金头，他深深地叹了口气道：'只有我师傅会造金人铁马，可惜我未将这技艺学到手！'我问他：'你师傅现在何处？'老银匠回答说：'为避战祸，十年前便隐遁深山，不再出世了。'"众人听说就像被泼了一瓢凉水，从头顶冷到脚跟。

正当众人大失所望的时候，忽然从门外传来一阵铜铃的响声。大家急忙出门观看，只见一位白发银须的老者挑着副担子，慢悠悠地向这边走来。他手里拿着一个铜铃，不断地摇着，发出丁零丁零的声响，口里唱道：

"楠木扁担颤悠悠，挑起熔炉跑九州。

铁锁铜壶我不造，不见金银不开炉。"

那老翁听了，赶忙走上前去，将此人从头到脚仔细打量一番，只见那老者鹤发童颜，道骨仙风，于是鞠躬施礼，拱手问道："老师傅，您既专门打造金银首饰，不知可会铸人头否？"

那老者闻声便停止摇动手中的铜铃，还礼唱道：

屈原传

"金人铁马我会造,何愁半个金银头。"

老翁连忙将老者请进屋来,端出了装着金银首饰的盘子,毕恭毕敬地交给他,正想说说屈原惨死的情形和求他铸造金头的话,谁知那老者示意将盘子放到一边,说:"三闾大夫之事,老朽早有耳闻,请放心!"说着便走到屈原遗体跟前,先行三拜九叩之大礼,然后瞄着屈原的头部细细地看了起来。他一边看,一边比比画画,口中还念念有词,只是谁也听不清他都默念了些什么。屋子里的人一下被吸引住了,都在目不转睛地望着这位浑身仙气的老者。一个小伙子低声咕哝道:"看他能玩出什么把戏来。"老翁狠狠地瞪了那个小伙子一眼。这以后,再也没有人敢做声了。

那位老者围着屈原的头部左瞅瞅,右看看,大约过了有半个时辰,他把盘子里的首饰倒进一个陶钵里,放在装满白炭的炉子上。他将橐管通进熔炉内,点起火,命几个小伙子轮番拼命鼓橐。顿时,炉内火光四溅,炉火熊熊。过了有一盏茶的工夫,陶钵里嗤嗤作响,那银手镯、金簪子、金链子相继熔化,像泡了水的面条,都软了;又过一会儿,陶钵里的首饰全化成了五光十色的金银水,上下翻滚,像熬着的稀粥一般。围观者一个个目瞪口呆。

陶钵里的金银水正在翻腾着,老者一手拿着一把铁钳,把盛满红彤彤液体的陶钵从炉子上端了下来,走到屈大夫跟前。只见他两眼瞪得比铃铛还大,望着屈大夫残缺不全的头部,双手钳着陶钵不住地摇晃。摇呀摇呀,金银水慢慢冷却、凝固,渐渐变成了半个脑袋的样子。最后,老者将陶钵里的固体倒了出来,就像是半边脑袋。他走到屈原的遗体前,把金光闪闪的半边金头小心翼翼地合了上去,上前摸了几下。众人上前一看,竟然天衣无缝!

众人无不感激,但这位道骨仙风的老者却只是坦然地微微一笑,仿佛是做了一件自己应该做的事,完成了自己应尽的义务。他并不多言语,连工钱也不肯收一文,挑着担子,悠然自得地走了。

屈原停灵在地的日子里,玉笥山和汨罗江下游的百姓们纷纷来到屈原的茅草房,借走了屈原的新旧衣衫。大家将屈原曾经穿过的贴身衣物撑在竹篙上,三五成群地沿江奔跑,或在罗渊四周转悠,并高喊着屈原的名字,为其招魂。招魂的人们边跑边撕肝裂胆地呼唤:

"尊敬的三闾大夫啊,您为何要投身罗渊,让自己的魂魄飘流四方?"

"三闾大夫的灵魂啊,快归来吧!东方有轮流照射的十个太阳,能够把真金熔化!西方是茫茫的沙丘,哪来的五谷充饥!南方有九头的雄蟒,专爱吞食阴灵!北方有千里冰雪,无处栖身!三闾大夫的灵魂呀,您快些归来吧!"

"地上无您容身之地,天上又守有凶残的虎豹豺狼,地狱的门虽然敞开着,里边却盘踞着九尾的魔王。三闾大夫啊,您的灵魂快回吧,快回到幽静、安详的玉笥山下!"

人们奔跑着、呼唤着,泪水洒满了汨罗江两岸,凄厉号啕之声在罗渊上空萦绕、飘荡。

时令虽已至暮春季节,但这一年的气温却特别低,春寒料峭,时常有呼啸的西北寒流袭来,故而屈原的尸体得以不腐。半个金头造就之后,汨罗百姓将三闾大夫安葬在玉笥山东北的汨罗山上。

出殡这天,百姓们头上缠着白布,脚上穿着草鞋,腰上系着苘绖,千人披麻,百民戴孝,从四面八方号哭奔来,为三闾大夫送葬。从玉笥山到坟地的十多里路上,旗幡似飘飞的秋叶,挽幛若低垂的浓云,长长的人流沿着汨罗江缓缓移

屈原祠

动。江两岸、山上下，童叟涕泗流，妇孺泪眼红，漫漫华夏大地被淹没在汪汪泪水之中。送葬的人们来到坟地，无休止地挥泪、哭泣，泪水把焦干的红土湿透，满山低矮的树枝和草梢上挂着晶莹的泪珠，好似落过一场毛毛细雨。这哭声感天地，泣鬼神，直哭得乌云滚滚，悲风阵阵，落叶飘飘，日月晕晕，天地昏昏……

屈原入土以后，来这里凭吊的百姓络绎不绝。每天从早到晚，通往汨罗山的大路小路人流不断，山下汨罗江边停靠着各种各样的大小船只。从屈原的家乡秭归，到屈原曾经为官的鄂渚、郢都，以及屈原曾经去过的常德、辰溪、溆浦、长沙、桃江等地，都有百姓千里迢迢地赶来祭奠。连楚国的旧臣也三三两两地偷偷来到这里祭拜，他们在这山高皇帝远的地方咬牙切齿地骂昏君、骂奸佞、骂秦军，留下了"楚虽三户，亡秦必楚"的誓言。

▶ 岁岁朝朝粽子俸

关于屈原的离世还有这样一段美丽的传说。

在秭归县的苍山翠林中，西陵峡的云崖雾岭间，有一种嘴巴殷红、羽毛金绿的鸟儿，一到五月端午节，就跳上枝头，从黎明到黄昏不停地叫唤："我哥回！我哥回！……"人们说，"我哥回"这种鸟雀儿，就是屈原的堂妹幺姑变的。

相传，屈原有一个堂妹叫屈幺姑。这个姑娘，是喝三峡水长大的贫苦渔家女，风姿俊俏，心灵手巧，性格刚强。村里人都晓得，幺姑飞针会绣花，飞叉能刺鱼，爬岩会砍柴，趴壁能采药。那清脆悦耳的山歌，唱过一坡又一坡，直唱得林中百鸟来应合。她曾驾着渔船，荡着双桨，迎着西陵峡里的风浪，送屈原四处走访；她曾陪送屈原，翻过一座又一座陡峭的山峰，穿过一片又一片翠绿的柑橘林，听民歌、采楚风，帮助屈原在故乡橘林里写下《橘颂》诗篇。有一回，屈原从郢都回到家乡，擂鼓募兵，抗击入侵的秦国军队。屈幺姑听到这震动山河的擂鼓声，马上带领峡江上的渔民船夫，最先打起抗秦保楚的旗帜，向屈原请战。这阵势，威震秭归内外，叫秦兵闻风丧胆……就这样，屈原无论是在青少年时代，还是入朝做官以后，都把屈幺姑看作是自己的亲妹妹，情同手足，骨肉难分。

万万没有想到啊，就在顷襄王二十一年（公元前 278 年）五月初五这一天，屈幺姑正在撒网打鱼，忽见云中飘下一条带子。她站在船头，接起一看，心里一怔，这不就是屈原的腰带吗？

她立刻跳下船头，打起飞步，爬上九畹溪旁的仙女峰，遥望东南方，眼含泪水，默默念着："哥哥，你该没有出什么凶险事吧！你千万不能离开我们啊！快回来吧！家乡的百姓想念着你，你的幺妹想念着你呀！"

这时，屈幺姑一边默念着，一边抚摸着屈原的腰带，心如针扎，难过极了。她茶不饮，饭不吃，久久地坐在仙女峰顶，遥望东南方，声声呼唤："我哥——快回哟！我哥——快回哟！"直唤得草木低头，白云滴泪，山风呜咽，猿鸟吞声，连仙女峰千年松也躲在云雾里偷偷地擦起泪来。

第七天早晨，屈幺姑又爬上仙女峰，拨开云雾，强睁着哭肿的眼，向东南方的峡江望去，只见一条金光四射的大神鱼，驮着屈原的尸首，飞滩逐浪，向秭归游来了。屈幺姑看见屈原的尸首，像晴天一声霹雳在脑门上炸开。她心碎了，肝胆要炸裂了，一边呼天抢地地痛哭，一边向山下河边飞跑。跑呀跑呀，石尖划破了双脚，她不觉得疼；棘丛挂破了她的衣衫，她没理会。她喊一声"我哥——快回哟"，众乡亲就呼唤一声："屈死的三闾大夫安息

吧！安息吧！"

金色的神鱼听到一片哭声，不忍让屈幺姑和百姓过分悲伤，便闪身一跃，将屈原的尸首驮到了太空，留下了屈原的一堆衣冠放在一座鱼形山脊上。霎时，乡亲们一齐拥来，有的忙着挖土，有的忙着打石条，有的忙着做红色的楠木棺椁，有的忙着打吊棺的铁链。没用多久的时间，便为屈大夫建造了一座高大的衣冠冢。

屈幺姑来到衣冠冢前，抚摸着哥哥的衣衫，越哭越伤心。她顿着脚，捶着胸，又悲痛又愤怒地说："朝廷昏庸，奸臣得势，把个好端端的楚国弄得山河破碎，民不聊生，害得我哥哥和多少忠臣含冤而死，这……这叫人怎么活得下去啊！"

哭声刚停，屈幺姑一头撞在衣冠冢上，顿时昏死过去。乡亲们慌忙来抢救，却见屈幺姑的身上忽然红光四射，借着一股青云，腾空而去了。这时，众乡亲仰望西陵峡的上空，只见屈幺姑的身影在彩霞中一闪，竟化作一只嘴巴殷红、羽毛金绿的鸟儿，穿过金色的阳光，飞进了丛林。她还在声声呼唤着：

"我哥回！我哥回！……"

从此，每年端午时节，这种鸟儿就在秭归的崇山峻岭中四处叫唤，一声声、一声声，从黎明到黄昏，叫得声嘶力竭，嘴满鲜血，还不止声。老人们说，那殷红的嘴，是屈幺姑呕出的心血染红的；那全绿的羽毛，是故乡的青山绿水披在她身上；"我哥回"这种鸟儿，是屈幺姑那颗赤诚的心变的。"我哥回"一啼叫，人们都知道屈幺姑又回故乡看望她的哥哥了！

从此，每年端午节，秭归都举行龙舟竞渡，机智的艄公和勇猛的桡手，都在鼓声中高喊号子："我哥——回哟！我哥——回哟！"老人们说，"我哥回"是一种吉祥鸟。听到它的啼叫，就会大灾化小，小灾化无；长夜缩短，百病俱消。种田人一听到它啼叫，就知道是栽秧割麦的紧张时节了，都起在黎明前，收工在黄昏后,抓紧农时,不误收种;三峡的船夫渔民一听到它啼叫,大风大浪脚下踩,凶滩恶礁忙躲开,过滩船如飞,打鱼网网多;孩子们一听到它的啼叫,读书就更加专心致志了。

千百年来,屈乡人民十分珍爱"我哥回",不准任何人动它一根羽毛。打猎的青年见了它,自动掉转箭头;川江的艄公见到它,立即吹哨致敬……

屈原的爱国主义精神激励着一代又一代炎黄子孙,屈原的诗赋哺育着一代又一代华夏儿女,这里仅就历代的诗人略举几例。

郭沫若说过:"由楚所产生的屈原,由屈原所产生的《楚辞》,无形之中在精神上是把中国统一着的。""无论何时何代的中国人,都是在他的伟大影响之下。"正是由于这种影响,我们的民族形成了"位卑未敢忘忧国""留取丹心照汗青"的爱国主义传统;正是由于这种影响,我们的人民百折不挠,自强不息。尤其是在民族危亡的历史关头,这种强烈的忧患意识和献身精神,更是具有巨大的鼓舞性和号召力,激励着仁人志士不断奋起。

唐代大诗人李白曾经高唱"屈原诗赋悬日月",直接继承并发展了屈原开创的浪漫主义手法。在屈原精神的感召下,在安史之乱中他忧国忧民的激情像火山爆发一样倾泻而出,写出了不少反映现实的佳作。"诗圣"杜甫不但非常钦佩屈原的艺术成就,明确表示要"窃攀屈宋宜方驾",而且十分敬佩屈原的为人,抒发了"若道士无英俊才,何得山有屈原宅"的感叹。他"穷笔忧黎元"的忧患意识和"济时肯杀身"的献身精神,与屈原的爱国主义一脉相承。

南宋时期,伟大的爱国主义诗人陆游引屈原为同调,对他的爱国激情表示强烈的共鸣:"《离骚》未尽灵均恨,志士千秋泪满裳。"同时以屈原精神激励自己收复失地的壮怀:"楚虽三户能亡秦,岂有堂堂中国空无人!""僵卧孤村不自哀,尚思为国戍轮台。"在他的大量诗作中，最为突出的是那火一样的爱国激情。著名的爱国词人辛弃疾曾以屈原自比："长门事，准拟佳期又误，娥眉曾有人妒。"他不断以屈原的爱国主义精神勉励自己，"细读《离骚》还痛饮"，其大气磅礴的爱国词作颇有屈原之风。李清照这样的婉约派大家，在国难当头之际，也受到屈原的《国殇》的感染，抒发了"生当作人杰，死亦为鬼雄"的豪情，足见屈原精神感人之深。

明朝末期，爱国主义诗人陈子龙以"弱龄的骚雅"自诩，他对屈原的遭遇愤愤不平，"佞人托肺腑，中正难久安""楚国乱无极，屈原困上官"，并写下了大量充满爱国主义激情的诗作。同时，他积极组织抗清复明的活动，兵败被俘后，毅然投水殉国，成为仿效屈原的光辉典范。陈子龙的学生、少年英雄夏完淳也表示过要追随屈原的决心："招魂而湘江有泪，从军而蜀国无弦。"被捕后他宁死不屈："已知泉路近，欲别故乡难。毅魂归来日，灵旗空际看。"真是"魂魄毅兮为鬼雄"！

辛亥革命时期，女中豪杰秋瑾，"为争取祖国的光明前途而不惜抛头颅，洒热血，牺牲个人的一切"。关心祖国的危亡，抒发爱国主义的情感，构成了秋瑾诗词的中心内容，屈原精神的影响显而易见。十八岁居湘时，她就写下了《吊屈原》一诗，怒斥"楚怀本屡王，乃同聋与瞽"。后来写下的《感愤》，直接吐露出"抟沙有愿兴亡楚"的志向。为了报效祖国，她"危局如斯敢惜身？愿将生命作牺牲"，立誓"拼将十万头颅血，须把乾坤力挽回"，慷慨激昂的斗争意识和牺牲精神动人心魄。就义前，她镇定自若，脱口吟出了"秋风秋雨愁煞人"的绝命词，对国家局势的忧虑、对民族命运的担心，尽在一句之中，这七个字饱含了爱国主义的真情。

"爱祖国、爱人民、爱自由、爱正义的诗人是永远不朽的。"

屈原的深远影响，不仅影响着炎黄子孙，还影响着世界。世界和平理事会1953年确定的当年备受纪念的世界四大文化名人中，就有伟大的爱国主义诗人屈原！

千百年来，无论是在民族危难之际，还是在和平时期锤炼人格、追求真理之时，人们常以屈原的思想和作品作为自己的精神支柱，以激励自己，获得战胜困难的力量。鲁迅称屈原为过去时代中少有的具有抗争精神的诗人，还经常以"路漫漫其修远兮，吾将上下而求索"自勉！

成长关键词：勤奋、爱国、正直

名人名言·历练

1. 士当求进于己，而不求进于人也。

   ——〔元〕张养浩

2. 正人如松柏，特立而不倚；邪人如藤萝，非依附他物不能自起。

   ——〔唐〕李德裕

3. 人生结交在始终，莫以升沉中路分。

   ——〔唐〕贺兰进明

4. 和朋友谈心，不必留心，但和敌人对面，却必须刻刻防备。

   ——鲁　迅

5. 我宁愿靠自己的力量，打开我的前途，而不愿求有力者垂青。

   ——〔法〕雨　果

6. 连地球都可以在茫无边际的天空里发现自己的轨道，何况我们？

   ——〔挪威〕比昂松

7. 世界上有许多既美好又出类拔萃的事物，可是他们却各不相依。

   ——〔德〕歌　德

8. 我希望你照自己的意思去理解自己，不要小看自己，被别人的意见引入歧途。

   ——〔印度〕泰戈尔

名人年谱

屈 原

公元前340年，周显王二十九年，楚宣王三十年。秦孝公二十二年，卫鞅攻魏，大破魏军，俘公子卬。秦以商、於（今陕西省商县东南商洛镇）十五邑封卫鞅为商君，世称商鞅。正月初七，屈原生于楚国秭归之乐平里（今湖北省秭归县乐平里）。

公元前329年，周显王四十年，楚威王十一年。魏人张仪入秦。这一年，屈原十一岁，居乐平里。屈原虽出身贵族，但因自幼生活在民众之中，加以家庭的良好影响，故而十分同情贫穷的百姓，小小年纪便做了许多体恤民众的好事，博得众人赞誉。

公元前328年，周显王四十一年，楚怀王元年。张仪始相秦惠文王。屈原十二岁，读书于乐平里。

公元前324年，周显王四十五年，楚怀王五年。屈原十六岁，读书于乐平里。作《九章·橘颂》。

公元前323年，周显王四十六年，楚怀王六年。屈原十七岁，出七里峡，游香溪与长江，读书于昭府，与昭碧霞相爱。

公元前322年，周显王四十七年，楚怀王七年。屈原十八岁，回故乡乐平里，与昭碧霞定亲。

公元前321年，周显王四十八年，楚怀王八年。屈原十九岁，秦军犯境，屈原组织乐平里的青年奋力抗击。他一方面高屋建瓴地对青年们进行思想教育，一方面巧用各种战术，机智果敢地给敌人以沉重打击，一展其非凡才华。

公元前320年，周慎靓王元年，楚怀王九年。孟轲至魏见惠王。孟轲，字子舆，战国时邹人，游齐、梁间。仲春三月，二十岁的屈原应怀王之召出山进京，这一年他在鄂渚为县丞。

公元前319年，周慎靓王二年，楚怀王十年。魏惠王后元十六年，逐张仪回秦。屈原二十一岁，升任楚怀王左徒。这一年的深秋，屈原首次出使齐国。

公元前317年，周慎靓王四年，楚怀王十二年。屈原二十三岁，忙于变法改革，制定并推出各种法令。

公元前315年，周慎靓王六年，楚怀王十四年。秦惠文王更元十年，用司马错之策，遣张仪、司马错等攻蜀，破蜀军于葭萌（今四川省剑阁县东北），灭蜀。贬蜀王为侯，命陈庄相之。屈原二十五岁，继续进行变法改革，与旧贵族和一切顽固势力进行斗争。

公元前314年，周赧王元年，楚怀王十五年。屈原二十六岁，怀王使屈原造《宪令》，屈原属草稿未定，上官大夫见而欲夺之，屈原不与，因谗之……屈原因上官大夫之谗而见疏，被罢黜左徒之官，任三闾大夫之职。

公元前313年，周赧王二年，楚怀王十六年。秦攻赵，取蔺（今山西省离石县西）。张仪自秦赴楚，劝怀王亲秦绝齐，以割商、於之地六百里的空言为饵，怀王信之。屈原二十七岁，力谏不可轻信秦之谎言，怀王不听，命其不得参与朝政。

公元前312年，周赧王三年，楚怀王十七年。楚将攻秦，秦大败之于丹阳（今豫西丹水之北），俘楚将领七十余人，取楚之汉中。楚悉发兵反击，在蓝田（今湖北省钟祥市西北）大败。韩、魏袭楚至邓（今湖北省襄阳市北），楚兵惧，自秦归。屈原二十八岁，怀王复起用屈原以使于齐，齐楚复交。

公元前311年，周赧王四年，楚怀王十八年。秦惠文王更元十四年，取楚召陵（今河南省郾城县东）。惠文王愿分汉中之半给楚，与楚结盟。楚怀王愿得张仪，不愿得地。仪赴楚，因厚赂靳尚，并得怀王宠姬郑袖进言，得释归。秦惠文王死，在位共二十七年。子武王荡立。屈原二十九岁，使齐，顾反，张仪已去，谏怀王曰："何不杀张仪？"怀王悔，追张仪弗及。

公元前310年，周赧王五年，楚怀王十九年。秦武王元年。张仪素为武王所不满，离秦赴魏。屈原三十岁，仍事怀王为三闾大夫。怀王悟为张仪所欺，起用屈原为齐使，盖一时权宜之计，故使齐返而仍被疏。

公元前309年，周赧王六年，楚怀王二十年。齐宣王欲为纵约长，恶楚之与秦合，遣使遗楚王书。怀王犹豫不决，昭雎力谏，遂不合秦而合齐以善韩。屈原三十一岁，不能参与朝政，极可能通过昭雎等大臣敦怀王合齐。

公元前304年，周赧王十一年，楚怀王二十五年。屈原三十六岁，流浪汉北。秦楚复合，与屈原谋划相反，而奸人必有谗言害之，避地汉北，当有不得已之情在，故《抽思》有欲归不得之意。

公元前302年，周赧王十三年，楚怀王二十七年。屈原三十八岁，忧愁幽思而作《离骚》。

公元前300年，周赧王十五年，楚怀王二十九年。秦复攻楚，大破楚，死者二万，杀楚将景缺，楚使太子质于齐。屈原四十岁，当领太子又使于齐。

公元前299年，周赧王十六年，楚怀王三十年。楚怀王受骗入秦，被扣留，在位三十年。楚立太子横，是为顷襄王。屈原四十一岁，劝王毋行，说："秦，虎狼之国，不可信。"怀王不听。

公元前298年，周赧王十七年，楚顷襄王元年。赵惠文王元年，以弟公子胜为相，封平原君。胜好客，与齐孟尝、魏信陵、楚春申四君，号"战国四公子"，各有门客三千人。屈原四十二岁，居郢都。

公元前296年，周赧王十九年，楚顷襄王三年。怀王死于秦，秦归其丧于楚，楚人皆怜之，如悲亲戚。屈原四十四岁，被免去三闾大夫之职，放逐江南。他从郢都出发，先到鄂渚，然后入洞庭。《招魂》《大招》当作于本年。

公元前289年，周赧王二十六年，楚顷襄王十年。秦昭王十八年，白起等攻魏，取六十一城。齐湣王十二年，以苏秦为相。屈原五十一岁，居溆浦。

公元前283年，周赧王三十二年，楚顷襄王十六年。秦昭王二十四年，攻魏至大梁，燕、赵救魏，秦兵退去。赵惠文王十六年，廉颇取昔阳（今河北省晋县西北）。蔺相如使秦"完璧归赵"。屈原五十七岁，居南阳里。

公元前279年，周赧王三十六年，楚顷襄王二十年。秦将白起拔楚西陵。秦王与赵王会于渑池，蔺相如随从赵王，不屈于秦。归国后，赵王以蔺相如为上卿，位于廉颇之右，廉颇不服，相如曲意修好，终得和衷共济。

公元前278年，周赧王三十七年，楚顷襄王二十一年。秦将白起破楚郢都，烧夷陵（今湖北省宜昌市），东进至竟陵（今湖北省潜江市西北），南进至洞庭湖一带。楚东迁都陈（今河南省淮阳市）。屈原六十二岁，于农历五月五日怀石自沉于汨罗江而死。《哀郢》《怀沙》《天问》《惜往日》作于本年。